國家社會科學基金重大招標項目
國家社會科學基金冷門絕學研究專項

湖北省公益学术著作
Hubei Special Funds 出版专项资金
for Academic and Public-interest
Publications

魯小俊 主編

清代書院
課藝選刊

羊城課藝

[清] 陳其錕 選編 顏彥 整理

長江出版傳媒 崇文書局

前　言

　　廣東最早的書院應該可以上溯至南宋嘉定年間的禺山書院，此前雖略有書院之名，但實則屬於書舍或是生祠的性質。[①] 從宋嘉定年間至清光緒末年，廣東書院歷經了七百年的發展史。在發端之初，無論是數量上還是質量上，廣東書院都遠遠落後於北方書院。但明代以後，廣東書院得到了長足的發展，到了明代中後期，廣東學界還出現了陳獻章、湛若水這兩位足與王陽明相頡頏的大儒。清代前期廣東書院發展勢頭較爲落寞，一方面，清政府爲防群聚結党，對全國書院皆采取抑制政策；另一方面，粵民持續的反清鬥爭也使地方無餘力支持書院的創建與運營。雍正初年後，清政府開始鼓勵書院的創辦，廣東書院逐漸進入高速發展階段。劉伯驥在《廣東書院制度沿革》中，將順治七年（1650）定粵後至嘉慶末年（1820）這一百七十年稱爲廣東書院的“變態時期”，因爲此期明代自由講學風氣江河日下，學子“追求心性修養的傾向”減却，取而代之的是“卑鄙的局促的仰慕於科舉的虛榮”。[②] 劉氏又把道光六年（1826）阮元創建學海堂起至光緒二十七年（1901）詔罷書院止的七十五年稱爲“革新時期”，他認爲此前書院學術風氣較爲薄弱，課程設置也只爲制藝科考，而學海堂提倡實學，專重經史訓詁，引領

---

　　①劉伯驥：《廣東書院制度沿革》，商務印書館 1938 年，第 4 頁。
　　②劉伯驥：《廣東書院制度沿革》，商務印書館 1938 年，第 6 頁。按：阮元創立學海堂之時間，學界多以嘉慶二十五年（1820）或道光四年（1824）遷址於粵秀山爲準。

了廣東書院的一代風氣。羊城書院就是萌芽於"變態期",興盛於"革新期"的廣東書院的典型代表。

　　羊城書院的前身是坐落於廣州城南龍藏街的穗城書院與嶺南義學,阮元《廣東通志》和史澄《廣州府志》均載其由督糧道蔣伊於康熙二十二年(1683)創建。爲維持書院與義學的日常運轉,蔣伊置六百餘畝膳田"以給四方來學之士",并於每月初一考課諸生,粵地文風一時"駸駸盛焉"。康熙二十四年(1685),蔣氏擢河南督學,他去世後,粵人設位於嶺南義學,"哭者甚眾"。① 雍正八年(1730),知府吳騫在前人的基礎上進行修繕。至嘉慶八年(1803),布政使康基田改嶺南義學爲羊石書院。此外,康基田又將康熙二十三年(1684)知府劉茂溶建於城南木牌頭的珠江義學改爲珠江書院。嘉慶二十五年(1820),知府羅含章②見郡屬書院及義學雖延塾師,支脩金,但無生徒膏火,因此數十年來"從學者闃如",遂將羊石、穗城、珠江諸書院及其他義學并爲一所,"徹底重修,增蓋齋舍",易名爲羊城書院。同時請於院司,得公田七百畝,變賣後連同"官紳捐題等款",共計得銀三萬兩。以此爲本金"當商生息","歲得息銀三千兩",設立生童内外膏火一百七十份。③ 至此,羊城書院正式建成,并具備了日常運營的各項條件。

　　羊城書院的首任山長是謝蘭生。謝蘭生(1760—1831),字佩士,號澧浦,又號里甫,廣東南海人,先後主粵秀、越華、羊城書院講席。據謝氏所作《常惺惺齋日記》載,嘉慶二十五年(1820)十月二

---

①[清]史澄:《〔光緒〕廣州府志》卷一百八宦績五,清光緒五年(1879)刊本。

②羅含章原名程含章,因先佐官吏捕殺土寇,懼禍,改姓羅,道光二年(1822)升廣東巡撫時奏請恢復程姓。序言以廣州知府任稱羅含章,廣東巡撫任稱程含章。

③[清]阮元:《〔道光〕廣東通志》卷一百三十七建置略十三,清道光二年(1822)刻本。

十日，"本府羅太尊送穗城、羊石兩書院關聘至"。① 道光元年（1821）正月十八日，新建之後的羊城書院舉行了第一次招生考試，本日應考者眾多，有"生童約二千餘人"，正月二十四日，"羊城書院出榜"，正月二十六日，"羊城外館開館"，知府羅含章及本縣各教官俱至。② 謝蘭生掌教書院的十年間，當地政府歷任官員常與書院各項活動保持緊密聯系，爲羊城書院的招生、開館、考課等作出了重要貢獻。兩廣總督阮元、李鴻賓，湖廣總督盧坤，廣東巡撫程含章、陳中孚、成格，廣東學政朱階吉、白鎔，廣州知府鍾英等人皆屢次在《日記》中出現，如道光二年（1822）二月初一日，羊城書院開館，鍾英（《日記》稱"鍾本府"）到院，午後謝蘭生"到本府道謝並入貢院與諸君議事"，道光三年、四年的開館儀式鍾英皆有出席，而後每年羊城書院的開館日都有地方官員到場。道光十一年（1831），謝蘭生卒於羊城書院，死前囑咐子孫并告知親友："來奠醊者，惠素食四簋，多則不受，挽辭書紙絹者受之。"③學生陳澧爲其畫作跋，回憶了謝氏執掌書院的情景：每逢課期，謝蘭生都會端坐講堂，爲諸弟子講解，弟子皆"環立而聽之"。時廣州省城翰林惟謝蘭生和越華書院掌教劉彬華二人，士民皆"尊敬之"。

謝蘭生死後六年，陳其錕任羊城書院山長。陳其錕（1792—1861），字吾山，號棠溪，捕屬（今廣東番禺）人，嘉慶二十三年（1818）舉人，道光六年（1826）進士，"簽分貴州"④，以知縣用。道光十四年（1834）丁憂歸里，十七年（1837）受聘主羊城講席，遂不復

①［清］謝蘭生著，李若晴等整理：《常惺惺齋日記（外四種）》，廣東人民出版社 2014 年，第 47 頁，嘉慶二十五年十月廿日。

②［清］謝蘭生著，李若晴等整理：《常惺惺齋日記（外四種）》，廣東人民出版社 2014 年，第 54—55 頁。

③［清］陳澧：《謝里甫師畫跋》，《東塾集》卷四，《清代詩文集彙編》637 册，第 213 頁。

④［清］史澄：《〔光緒〕廣州府志》卷一百三十一列傳二十，清光緒五年（1879）刊本。

出。陳其錕掌教羊城書院二十餘年，培養出了多位廣東知名學者，譚瑩、李光廷、許其光等皆爲其弟子，許其光甚至還成爲了道光三十年(1850)的榜眼①。對於育人成就，陳其錕本人是頗爲自得的，他在《六十初度》詩中直言：

> 愛聽書聲入夜頻，盤餐苜蓿詎全貧。半生飽蠹終何益，十載登龍大有人。强學蠅頭書葉細，愁生鶴髮被花瞋。殷兄張丈從呼笑，笑我依然未老身。②

"十載登龍大有人"句自注曰"主講羊城十載，庚子至庚戌七科登賢書共一百八十七人，登第七人，拔貢十一人"，"笑我依然未老身"句自注云"樂天詩'猶有誇張少年處，笑呼張丈喚殷兄'"。花甲之年的陳其錕"半生飽蠹"，雖"盤餐苜蓿"，但學生們出類拔萃、成績斐然，這如何不令他心生快慰。在陳其錕之後，他的學生羅家勤也成爲了羊城書院的山長。

羅家勤(？—1891)，字石渠、佐清、葉侯，順德人，道光三十年(1850)年進士。他曾於羊城書院肄業，所撰時文有三篇收入《羊城課藝》，分別爲《大哉！堯之爲君也。巍巍乎！惟天爲大，惟堯則之。蕩蕩乎！民無能名焉》《善人教民七年，亦可以即戎矣》《自得之，則居之安；居之安，則資之深》，陳其錕評價其課藝鋪張宏大，意超筆卓，善於抓取重點，探驪得珠，神理闡發自然。羅家勤主講羊城書院十餘年，"府屬俊才，多出其門下"，同治至光緒前十年間，他與菊坡精舍陳澧、越華書院葉衍蘭、應元書院李文田等人齊名，均

---

① 黎向群：《臨事無疑知道力 讀書有味覺心閑——陳其錕其人及其書學成就初探》，《嶺南文史》2014 年第 4 期，第 61—64 頁。
② 陳其錕：《六十初度》，《陳禮部詩稿·載酒集》卷二，《清代詩文集彙編》575 册，第593 頁。

爲粵地的知名山長。光緒二十八年（1902），羊城書院停止辦學，因占地狹隘，不足以改建爲新式學堂，書院原地收歸官産，另外選取新址改建廣州府中學堂。

自阮元於嘉慶二十二年（1817）任兩廣總督後，其學術思想逐漸風行粵地，羊城書院也不可避免地受到其影響。有學者提出："羊城書院的首日課程，便是阮元的'古學六題'"，此外，書院内還設有專張古學榜的學海堂壁，并經常沿用學海堂的課題。① 謝蘭生執掌書院時，《常惺惺齋日記》中不乏"皆學海堂所頒詩品題目"②"此是學海堂課題"③"生童課，用學海堂詩題"④的字句。道光六年（1826），阮元卸任，羊城書院仍與學海堂的考課教學活動相聯系，如道光八年（1828）六月初八日，成格（《日記》稱"撫臺成"）給謝蘭生"送來學海堂課卷"⑤。學海堂與羊城書院的緣分還不止如此，以許其光等爲代表的陳其錕弟子，還曾擔任過學海堂學長。

在教學内容、課藝題目、生源情況等諸多方面，羊城書院都與學海堂有較爲緊密的聯系。這種聯系，或多或少地影響了羊城書院的時文創作。《羊城課藝》一共有四卷，制藝76題102篇，皆有末評和眉批。收錄課藝最多者爲關鸞飛，入選6篇。其次為黎燨遠，入選5篇。吳象流、趙烜、周夢菱三人各入選4篇，黎文堯、陳梅修、羅家勤、梁國瓛、唐承恩各入選3篇。入選2篇者共十一人，1篇者

①李若晴：《謝蘭生〈常惺惺齋日記〉研究》，《中國國家博物館館刊》2014年第5期，第84—111頁。

②［清］謝蘭生著，李若晴等整理：《常惺惺齋日記（外四種）》，廣東人民出版社2014年，第106頁，道光二年十月廿四日。

③［清］謝蘭生著，李若晴等整理：《常惺惺齋日記（外四種）》，廣東人民出版社2014年，第120頁，道光三年六月初九日。

④［清］謝蘭生著，李若晴等整理：《常惺惺齋日記（外四種）》，廣東人民出版社2014年，第221頁，道光六年八月廿四日。

⑤［清］謝蘭生著，李若晴等整理：《常惺惺齋日記（外四種）》，廣東人民出版社2014年，第251頁，道光八年六月初八日。

共四十二人。

陳其錕在《羊城課藝》的序言中指出制舉文的四大要點——"理取其精,法取其密,筆取其健,格取其新"。他以射箭爲喻,認爲行文要中其要害,才能"矢無虛發"。陳其錕又舉北朝名將斛律金兩個兒子的事例作進一步説明,斛律光和斛律羨皆工騎射,田獵時,光所獲雖少,然必麗龜達腋,而羨獲雖多,多非要害之處,因此"光常蒙賞,羨或被撻"。此外,陳其錕還强調,作文須合乎時宜:

> 然而閉門造車,出門合轍者,往往而尠,則又何哉? 當夏而命鑪,方冬而進扇,豈曰非務,時未可也。故又貴適時焉。吳蘭陔先生論文,謂思力迥超流俗,聲情極合時趣,斯爲命中之技。旨哉言乎!

在陳其錕看來,文貴適時,學子在作科舉文時,不能閉門造車,而要關注當下的潮流和現實的需要,否則就如同"夏而命鑪""冬而進扇",優秀的時文應"思力迥超流俗,聲情極合時趣",這才稱得上"命中之技"。因此,他從歷歲所積的盈千課藝之中,"删繁汰冗,得百十首,付梓以詔來兹",《羊城課藝》遂成。

同治八年(1869),戴肇辰任廣州府署事代理知府①,此時的羊城書院"歲一甄别,月凡四課,生童濟濟,麟焉炳焉"②,呈現出欣欣向榮的氣勢。同治九年(1870)二月,戴肇辰進"府屬生童三千餘人而試之",取正外附課若干,采四十篇佳作付梓,作爲諸生學習的範

---

① 見史澄《〔光緒〕廣州府志》,史氏按曰:"阮通志權攝官概不列職官表,香山祝志謂非出朝命,謬也。署事、代理均咨吏部,阮志據檔分修,閒虞疏漏。南海縣志時加考證,不敢與阮志乖違。近檢各邑縣志,有附名表後一例,例尚可援,謹將署事、代理官銜記名表末,俾後考名可知其實,亦實事求是之一端也。府自同知、縣自丞以下,不著録焉。謹發其例於此。"

② 〔清〕戴肇辰:《從公録》三録,清戴氏雜著本。

式。戴肇辰在《羊城書院試藝序》中表示,科舉時文雖爲小道,但代聖賢立言的方式,能充分表現四書的"精微"、六經的"奧妙",子史的"菁英",漢唐宋古文策論的"宏博",將以上要點融會貫通,便能"闡發精義而不失之膚浮,神明法度而不囿於淺隘"。戴肇辰所選諸篇,均"清真雅正,不悖先正之旨",他希望諸生由此而"日漸月摩,蔚成國器",使郡城"人才盛而教化興"。① 可以看出,雖然二者收錄內容均爲時文,但無論是陳其錕倡導的文貴適時,還是戴肇辰強調的作文要"闡發精義",而不能流於"膚浮",都隱約有阮元實學思想的影子。前者要求學子關注時事,不能閉門造車,後者重義理,警浮躁淺隘之風,且都期待肄業諸生砥行立名,成爲國之重器。

本次整理選用的底本是鄧洪波主編的《中國書院文獻叢刊》第1輯第84冊影印的清咸豐元年(1851)刻本。《羊城課藝》作者衆多,用字習慣各異,有時單篇文章甚至還會出現用字前後不統一的情況。爲盡可能呈現課藝原貌,整理時對文中的古今字、異體字、通假字多遵從原文,如并、併、並;糸、參;蓋、盖;幹、干;恆、恒;后、後;囘、迴、廻、回;跡、迹;凜、凛;畧、略;密、密;牆、墙;羣、群;沈、沉;疎、疏;嘆、歎;閒、間;駼、驗;遊、游;於、于;顧、愿,等等。特殊情況處理如下:

1.因字形相似或印刷不清造成的訛誤,徑改。如己、已、巳;干、于、千;日、曰;子、予,等等。

2.意義明顯有誤之處用增删符號加以標注修改,如"力透'亦'字(指)[紙]背""是蓋(白)[自]求免攻,仍多可攻",等等。

3.部分較冷僻、不規範或者受電腦限制無法輸入的異體字徑改爲通行繁體字,如"厯"改爲歷;"莽"改爲"莽";"螎"改爲"融",等等。

---

① [清]戴肇辰:《從公錄》三錄,清戴氏雜著本。

目　録

卷二

卷三

卷四

羊城課藝

咸豐元年夏開雕

芸香堂藏版

序

聖門垂教爲學，首在時習。戰夫習馬則健，獵夫習虎則勇，耕夫習牛則獷。何者？所習使然也。書院之設，上之爲綱常名教、禮義廉恥立之坊，次亦發爲文章，潤色鴻業，以扶世而翼教。豈惟是弋科名、釣利禄而已哉？

嘉慶二十五年，郡守程公月川以書院狹隘，欲增廓而圉于市廛，乃合羊石、穗城爲一，設膏火，立科條，延師課督，冀垂永久。每屆大比，哥鹿鳴而來者，郡得十六七。文學之盛彬彬焉，與越華、粵秀同風。

洎予主講席十載，未能有所造就。間嘗召諸生而論之曰：制舉文，理取其精，法取其密，筆取其健，格取其新，固不待言。譬諸射然，必中其要害，而後矢無虛發。然非習之久，精之至，不能弓燥手柔，往輒破的。昔斛律金子羨及光，少工騎射，父母日令出畋，還即較所獲禽獸。光所獲少，必麗龜達腋；羨雖獲多，非要害之所。光常蒙賞，羨或被撻。金曰："明月必背上著箭，豐樂隨處即下手。其數雖多，去兄遠矣。"作文之道，何獨不然？今夫積歲解牛，恚然游刃，習之久也；謂石爲獸，射之洞開，精之至也。然而閉門造車，出門合轍者，往往而尟，則又何哉？當夏而命鑪，方冬而進扇，豈曰非務，時未可也。故又貴適時焉。吳蘭陔先生論文，謂思力迥超流俗，聲情極合時趨，斯爲命中之技。旨哉言乎！乃（衷）［哀］歷歲所積，課藝盈千，刪繁汰冗，得百十首，付梓以詔來兹。嗟乎！予弗克偕諸生砥行立名，馳鶩于仁義之域，惟是斤斤焉尋章摘句，較量文藝之末，予能無厚愧也夫！

咸豐元年夏六月，番禺陳其錕序。

卷一

在親民

黎熾遠

　　新民亦學中事，道在使之明明德焉。蓋民皆有明德，民之明德未明，即大人之學未盡也，則其道不又在新民乎？嘗思天地萬物，莫非己也。使謂一己之學無與於萬物，則其待物也隘，而其爲學也私。私之於一己，而不能使凡有己者之復其初心也；私之於一己，而不能使凡有己者之去其舊染也。斯萬物日安於污，而一己無以革萬物之污，則其爲學之道終不大。一眼覷定"在"字，目無全牛。然則大學之道，豈徒在明明德乎？今夫明德者，己與民同得於天，而無人不當明，無人不可明者也。即從"明德"挈出"民"字、"在"字，早監其腦。我既儼然而爲民上也，使我日進於高明，而聽民之日究於污下。縱非以術愚民，而所謂統秀頑而偕之大道者安在也？此必非先王之所以爲心。我亦肅然而爲民主也，使民日淪於陷溺，而羨我之日即於清明。縱令民知自勉，而所謂胥一世而授之甄陶者安在也？此更非先王之所以爲教。二比從先王立學說起，直踞"在"字題巔。且夫溯降哀之初，民亦何嘗污濁？至有拘蔽而待於新，大人已不能辭其責。原受中之始，民亦豈煩澡浴？至染習俗而無由新，大人又安能愜於懷？二比方說到大人身上，正落"在"字本位。吾於是而知道之及於新民者，固有在也。民與己有異形而無異性，其不能復乎民之性者，必不能復乎己之性者也。大人學以復性，而謂僅復一己之性已乎？跌宕"在"字，搖曳多姿。去其性所本無，新以禮樂詩書，而民知向化；還其性所固有，新以廉恥愛敬，而民莫爲非。蓋至遠近親疏，無一民不復其性，而後知學之所包者廣也。大人所謂盡一己之性，以盡千萬人之性也。收合"在"字，神氣完足。民與己非一氣而實一理，其不能存乎民之理者，必不能存乎己之理者也。大人學以存理，而謂僅存一己之理已乎？範於理所當循，新以倫物之本然，而民無所苦；繩以理所莫犯，新以經法之明備，而民亦樂從。蓋至學校井田，無一民不遵乎理，而後知學之所統者宏也。大人所謂存一己之理，以存千萬人之理也。二比實發"在"字，語氣渾然，的是綱領文字。是故有新民之權，則布之科條，匹夫默喻帝王之詔；無新民之位，則孚以性命，愚氓能讀聖賢之書。於以見學之成己兼成物。新以明爲準，表率不立，雖刑法亦有窮時；新由明而推，律度既端，則蕩滌亦非難事。於以見學之觀我即觀民。二比結束"在"字，完得《大學》之道，并涵蓋到修身爲本，眼光閃閃如嚴□電。不然，而學何以稱大乎？

"新民"實義，全在下文，一落呆詮，非侵鴻溝，則添蛇足。文從一"在"字，批卻導竅，可謂眼高於頂，力大於身。視熊鍾陵先生"在明明德"二句題文，如驂之靳。

《詩》云宜兄宜弟。宜兄宜弟，而後可以教國人

李文燦

即《詩》之言兄弟而繹之，能宜始能教也。夫《詩》但言宜兄弟耳，而不知教國即以此。傳者引《蓼蕭》之詩而繹之，意謂今而知教家教國之道，非獨宜家人然也。即此壎篪之際，亦隱見友恭之雅意，有感斯通。古賢侯近接龍光，遙傳燕譽，和氣所及，歌詠無窮。迄今取其詩而誦之，覺親愛之休風有潛孚焉，而上下不隔者。扣定兩截，筆力遒健。治國在齊家，吾既引《桃夭》一詩矣。且夫天下最難化者婦人，而人情最易失者兄弟，此古今家國之通弊，有不待旁徵博

引而後知者。而《詩》若以爲不遽求諸國也，而於家自敦其天倫；又若以爲不待驗諸國也，而於家先篤其友誼。如《蓼蕭》之言宜兄宜弟可述也。<small>注定下截，凌空倒影，警快絕倫。</small>天家聚處之歡，何關勸諭，而友于之愛，偏能達諸道途之癏瘝，而形爲頌揚，知至性之感通最捷也。惟《詩》略其觀感之迹，而以一宜發其凡。朝廷敦睦之雅，何與閭閻，而好惡之同，偏能喻諸兆姓之隱微，而深其愛慕，知親遜之化行有自也。惟《詩》溯其起治之基，而以一宜通其例。《詩》不云乎：宜兄宜弟。今夫《詩》之宜兄弟，有難于國人者，有亟于國人者。骨月之猜嫌易起，固非若布衣昆季，舉念即可以言情。況乎地處懿親，則謗言有藉；勢居偪近，則疑忌漸開。君子觀風雅所歌，而竊歎手足之雍和，誠不易觀也，則其宜難也。天性之感觸有機，又非若里巷追隨，友道祇期於自盡。況乎閱墻搆怨，則播爲歌謠；籩豆言歡，則傳爲色笑。君子觀至情所結，而竊歎家庭之聚順，端自上操也，則其宜亟也。<small>二比束上起下，局緊機圓，墨無旁瀋，場中最爲奪目。</small>然則遽求諸國不得也。内顧鮮孔懷之樂，而欲强乎羣情以相就，斯其喻甚難。<small>一起即爲"而后"作勢。</small>《詩》則以爲和樂之流，即太和之象基焉。夫未宜而國無所率者，既宜而國有由乎。一身之雍睦，示之型，將播於傳聞，兆姓即準爲服事。觀於《詩》而知草茅之式好，特其應焉者耳。然而不驗諸國不知也。君公篤則友之情，而非極諸衆志之率循，斯其機不捷。《詩》則以爲同體之敦，即同風之治廣焉。夫不宜而教無所施者，既宜而教無弗達。一身之孝恭，作之範，將垂于訓示，編氓即奉爲遵循。觀於《詩》而知草野之追隨，皆其推焉者耳。<small>收筆托醒"而後"，筆意卓鍊。</small>蓋惟宜兄宜弟，而後可以教國人也。觀《蓼蕭》一詩，不可知治國在齊家之故乎？

　　鍊局渾融，選言淹雅，其筋脈搖動，鉤勒分明，尤極兩截題之能事。

《詩》云宜兄宜弟。宜兄宜弟，而後可以教國人

黎文堯

　　宜兄弟爲治本，可通其說於雅矣。夫《蓼蕭》美諸侯，而必推本於宜兄弟，不可爲教國通其說乎？且自于舊賦，而大都啟耦國之嫌；《椒聊》歌，而强宗貽篡國之禍。說者謂諸侯保國，非制其兄弟不可。雖然，此意胡可令國人見也？我周一代親親之治，起於友恭，用是眾建諸侯，恩明誼美，愛及本支，國人咸雍雍然敦《行葦》、詠《葛藟》焉，則試爲教國者誦《蓼蕭》。排闥直入，所向披靡。夫《蓼蕭》，美諸侯之教國也。直提教國，橫老無敵。龍光燕譽，則謹侯度可知，而《詩》不言；壽考同福，則親天子可知，而《詩》不言。乃獨推言其教國誠民之本，一若瞻零露之泥泥，而國識和親；聽鸞馭之雍雍，而人懷任恤。謂是錫土以來，公姓公族極繁衍矣，兄及弟矣。君子宜之，遂相與述其令德曰：宜兄宜弟，此何爲也哉？□定題尾，眼明手辣。今夫兄弟，天子有之，諸侯有之，國人亦莫不有之者也。提筆老重。《蓼蕭》之言宜，亦極難耳。富貴可共，既慮其驕；事權可假，又慮其變。往往堂高勢崇，反不如布衣昆弟，猶能觴酒豆肉，共鳴手足之歡，則强幹弱枝，當亦有不得已者焉。閬響潛通。然而國人見之，以爲天家之帶礪，動起猜疑，無怪小人之乾餱，時多失德也。上有角弓之傷，則下有鬩墻之禍，教國者無如其不宜兄宜弟何也。然而《蓼蕭》之言宜，亦甚急耳。謨蓋之弟，有庫可封；毀室之兄，東山可泣。矧此情至文生，初不異微時兄弟，同此憂戚懽娛，共奏壎篪之雅，則親愛富貴，當亦有不自觖者焉。故自國人見之，以爲盛朝之篤慶，類錫瓜綿，何忍吾儕之交痡，生同杜杕也。上敷式好之休，

即下登睦婣之俗，教國者又不出宜兄宜弟外也。束上起下，橫絕一切。若是者何也？諸侯之兄弟，雖已漸分氏族，而撫此祚土分茅，不忘展親之錫，則稷禾缶米，亦時修具邇之歡。國人之兄弟，不敢上擬天潢，而側聞敬宗合食，如承燕喜之風，則醨酒償邊，亦欲邀麟振之福。即以上截作開天然節拍。而后知廟堂日下培風之詔，而國人罔聞知；深宮遽忘友于之恩，而國人轉相告。我未宜，而教人之宜不可也。朝廷日宣讓齒之教，而國人以爲具文；天子一修燕毛之儀，國人以爲盛事。我既宜，即不教人之宜亦可也。觀《蓼蕭》之詩，不益恍然于立教之本哉！

　　清處不枯，腴處必鍊，勻圓湛美，不減朱仲四寸之璫。

其心休休焉，其如有容焉

鄧伯庸

　　由外以窺其心，可擬者若難擬也。蓋一个臣之心，未易窺也，指其休休，即擬其有容，不亦罄想之難盡乎？且吾論大臣之斷斷，而擬之曰無他技。夫其外之泯於無，即其心亦何所有哉？承上"無他"，反跌"有容"，入題最緊。顧心之淡然者不見有物，心之粹然者不見有善。不見有物而萬物歸焉，不見有善而萬善統焉。則淡然粹然之心，雖渾乎眾有而難名，已涵乎萬有而莫外。兩義早定一篇之局。何也？大臣之量，不諱言無也，亦不矜言有也，必欲以所有高天下，亦安足以見大臣之心哉？吾得由貌而窺其心矣。老筆紛披。其心之淡泊，有以絕乎嗜慾之源。故息慮凝神，雖舉可嗜可慾之端，而寂然者不與之感。一物不擾，亦物物胥恬，心之所以凝而靜也。此比籠起"休息"。其心之涵濡，有以立其精醇之體。故守真抱璞，早舉至精至醇之蘊，而怡然者默與之迎。一善不遺，亦善善皆澈，心之所以粹

6

而精也。此比籠起“休美”。二比“其心”一頓。夫凝而静，則休息之至矣；粹而精，則休美之至矣。吾徐指其休休，而心之渾穆難言也；吾進擬其休休，而心之含宏靡既也。謂休之義主乎息，則心之退息原深。然制其心而使之息，遁物者絶物；順其心而與之息，淡物者涵物。無物之本體，固無物之不周也，則其心之渾穆何如也？謂休之義近乎美，則心之懿美畢具。然美之在外有盡，見其善可指其善；美之在心無盡，想其善莫名其善。至善之淵涵，固萬善之俱納也，則其心之含宏何如也？二比拈切“休息”“休美”兩義，實發“休休”，力能透紙。曲而擬之，其如有容乎？以物容物，物之量有限也，而心之量則無限。無限者而欲擬其所限焉，則泥物以求之，而其心不滯乎物也；離物以求之，而其心不遺乎物也。所謂淡然無物者，非概黜乎物之理，正善藏乎物之用也。方寸之地，胞與宏焉，而休休者不亦綽乎有餘裕哉？以我容人，人之善易形也，而心之善則難形。難形者而欲肖其所形焉，則取一善復羅眾善，而心不敢居功也；取眾善偶遺一善，而心不欲辭咎也。所謂粹然至善者，非以其善高天下，正以其善周天下也。六合之遥，神明運焉，而休休者不更恢乎無盡藏哉？二比詮“如有容”，即承中股兩義，一線到底。吾故曰：一个臣之心，可擬者又若難擬也。

　　兩義相承，一綫到底，卓然前賢矩矱。至其筆之精鋭，則龍泉太阿，千辟萬灌，凝然鐵兵之精。

其心休休焉，其如有容焉

關鶯飛

進窺相臣之心，其有容可想見矣。夫曰休休，即從斷斷無他技中而進窺之者也。見其休休，斯見其如有容焉，不極形之而如繪乎？且大臣之運天下也，運以量實運以心，究之量以心融，即心以量見。心形其有餘，即心之量亦形其有餘矣；心極於無外，即心之量亦極於無外矣。其始爲相臣獨具之心，其繼爲眾人共喻之心，而其實即爲人主所流連想像不盡之心。一起握定"心"字，斬關奪隘而入。不然，斷斷分無他技，若臣之外貌若此，吾恐樸拙者其象，而混濁者亦其神；疎略者其儀，而狹隘者亦其體。空中劃寫一个"如"字作收，筆極堅卓。求其化性情嗜欲而胥融，涵智勇功名於無際焉，往往難之，此亦何足爲若臣異，而不知若臣正有異焉者。承上卸落，硬語盤空，橫絕一切。何異乎爾？異乎其心也，異乎其心之休休也。人莫不有欲，而其心則淡然無欲，無欲故能通天下之欲；人莫不有善，而其心則粹然至善，至善故能取天下之善。其在《書》曰：作德，心逸日休。此物此志也。"休休焉"一頓，即已籠起下截神理。且夫休休云者，不必於待人見也。何思何慮之中，出而接天下之物，其心之休非有餘；即不出而接天下之物，其心之休非不足。休固在心，不在物也。抑不必不於待人見也。爲上爲下之際，不出而受天下之物，其心之休者自如；即出而受天下之物，其心之休者自若。休在物，即在心也。一開一合，停頓有法。吾即其休休，吾見其如有容焉。存一容天下之想，而不能渾其容天下之迹。其有容也，人得而見之，即人得而定之。若臣之休休若是，夫非渾於其迹者乎？淵深靜謐之中，其心之蘊本無不包，而幾莫名其所包；其心之運本無不至，而幾莫名其所至。刻寫"如"字，遺貌取神。無一物故能藏萬物，藏萬物而究亦無一物。神明之用，周浹旁皇，非不欲定若臣也，而何從定焉矣？意刻語峭。挾一容天下之見，而不能泯其容天下之形。其有容也，人得而識之，即人得而決之。若臣之休休若是，夫非泯於其形者乎？普遍含宏之內，其心之量未有所止，而幾莫測其所止之由；其心之才本無不通，而幾莫測其所通之妙。惟善用故能適眾用，適眾用而究亦不自用。宥密之存，挹注無盡，非不欲決若臣也，而何從決焉矣？若臣之形容難罄有如此。

筆筆警卓，字字渾成，爐火精純之候。

舜好問而好察邇言

陸朝瑞

古帝之問而察也，殆有所甚好焉。夫舜之必問，及邇言必察，是非好焉，胡若此哉？嘗思吾人之求道也，凡出於吾之口，而入於吾之耳者，皆其有盡者也。而獨一念之歡忻慕悅，遂隨在而與天下相深於無窮，此其間要自有性情焉，而非故爲卑牧以鳴謙也。照定"大知"，破空而入，警快絕倫。吾言舜之大知，蓋於舜之問而見其大也。夫舜也，原可以不必問，然惟舜也，正必不可不問。夫舜而自見爲不可不問，此其心爲何如乎？且於舜之察邇言而愈見其大也。夫邇言也，原可以不必察，然惟邇言也，正必不可不察。夫舜而自見爲邇言之必不可不察，其心又何如乎？此無他，誠好之也。何也？凡人之情有所不足於物焉，無以發其中之所甚好。謂我之爲此者，蓋亦甚苦難焉，而非其情樂於此也，雖勉爲諏度，精神亦既少衰矣。故好不生於量之不足，而生於量之有餘。夫舜也，固其有餘於天下者也。凡人之情見爲有餘於物焉，無以著其中之所真好。謂我之爲是者，蓋亦第矯飾焉，而非其性生若是也，雖強爲商榷，夢寐亦爲不適矣。夫好固生於量之有餘，尤生於心之不足。彼舜也，又其不足於天下者也。兩"好"字的是大知精忱，妙不煩言，和盤托出。吾嘗讀《書》而見其心矣。言之未得也，先之曰咨。咨者，吁辭也。若有所憂焉，是其好之專而不覺其辭之過於蹙，所謂不足而形於嗟嘆者也。蓋自詢岳以來，所問皆然，不獨臣鄰之謨弼者矣。言之既得也，繼之曰俞。俞者，然辭也。若有所喜焉，是其好之深而不嫌其辭之鄰

9

於緩，所謂語長而見其鄭重者也。蓋自拜歌而外，所察皆然，不獨禹皋之敷納者矣。"未得""既得"，恰好分貼"問""察"，此等用書，得未曾有。以撇筆爲補筆，義更周匝。惟昔舜之稱帝曰：舍己從人，嘉言罔伏。帝之德也，亦舜之心也。嗚呼！此重華之所以協歟！餘霞散綺。

　　緊從兩"好"字勘出"大知"本量，精心果力，不使有閒字剩句，居然自成一子。

日　省

蕭壽熙

　　按日以課工，省已昭其經矣。夫不有以省之，則工之勤惰莫分矣。先王之經，所以按日以課之乎？且省方之法，先王所以觀民俗也。而即本此意以馭羣工，按其候於夙夜，別其工於惰勤，即以嚴其法於考核。蓋曲藝雖微，尤必以朝斯夕斯之意，默動其無荒無怠之心也，而其經爲已密矣。以"省"方培入，雲山經用始鮮明。然則來百工之事果何如哉？操繩墨以程材，羣倫之智力實與廟堂之智力相緣，工所以待乎考也。故聖世雖歌勿呹，而工名必勒，豈容以游惰而乖匠氏之經？按度程以課績，萬物之精神一皆君相之精神所運，工所以言乎監也。故盛朝首戒毋淫，而樸斲惟勤，何敢以逸欲而違《梓材》之訓？以"考工""監工"陪出"省"字，典雅絕倫。此先王省之之經所由舉也。而省之必以日，則又曷故？積數日之功而兼營於一日，勢固不能併力而赴；分一日之務而遷延於數日，情又何堪舍業而嬉？先王曰：余一人日有萬幾，尤必以寸陰是惜者，躬庶績而不告其勞，而國家何可有游民也？省之而梓匠輪輿，務飭神明於弗曠，則知不日之成，後效非從逸獲，而經營在宵旰，早已舉良工而密課其工。極日日之勤而荒之一日，功以閒而多疏；偷一日之安而漸至日日，力以久而成弛。先王曰：余一人日旯不遑，猶且以無時豫怠者，藉監史而常糾厥志，豈量材或敢玩時日也？省之而攻金攻木，悉呈勞逸於當前，則知刻日而就，成功歷有可稽，而考課在晨昏，庶幾各量力而不遺餘力。二比洗發"日"字，妙從大處落脈，緊處着神。且夫省之者，非徒別其力之勤怠已也。朝糾而夕察，隱以稽眾力，即顯以課功能。審核之餘，勤者有以獎其勤，怠者有以懲其怠。則遞嬗之光陰，皆旌別之良規所迷用，是即屢省乃成之微意也。托出"省"字，用意亦微。且夫日省者，并不以其成之遲速判也。明動而晦休，莫不按日而程，即莫不計日而考。乘除之際，物之速成者，固逐日而俱迫；物之遲就者，亦易日而相仍。則循環之量度，隨遷流之晷刻以俱周，是亦如日之恆而罔閒已。二比洗發"省"字，妙在挖深一層。然而日有省者，尤必月有試也。屬對甚活。

以深形淺，即淺見深，極小品之能事。

本諸身徵諸庶民

吳象流

本身而徵民，君子已無驕矣。夫三重之道，體諸身而用諸民者也。本之徵之，君子敢或驕歟？今夫制作之原，其體自一人明之，其用於千萬人著之。以一人而統治千萬人，道在端其矩矱；以千萬人而待治一人，道在驗其從違。非謂道私於一人而盡於千萬人也。蓋道有由立端，其體要必自一人始；道有由行驗，其用要必自千萬人始。知此可與言君子三重之道。留得下文劃定本位，恰是此題發端。道不可操乎其末也，操乎其末，則居之而挾持無具，必行之而施措多乖，故道不恃末而惟恃本。直從"本"字勘入，語無躲閃。顧本之不明也，有崇尚虛無，放浪其形骸，而綱維因以不立者矣；有希圖粉飾，妄逞其權術，而置制因以失宜者矣。君子則以反身者裕其本焉。反筆接出"身"字，卓爾方家。本恭敬退讓之身以議禮，而典自我惇；本折矩周規之身以制度，而法自我立；本察變化成之身以考文，而書契自我開。照三重實發正，而力能透紙。有獨攬之權，尤有獨全之分。雖究其用，式禮亦以節民性，謹度亦以防民好，修文亦以正民僞。交互一筆，義無不搜。而一反諸本原所在，則推之庶民猶後，而操之一己獨先也。惟皇建極，基命宥密，單厥心；惟后綏猷，篤實輝光，新其德。蓋道之立於身者，不敢不裕焉耳。截爲金句。道又非空而無據也，空而無據，則會歸仍屬於虛，即蕩平恐漓其實。故道求有據，當求有徵。直勘"徵"字，異曲同工。顧徵之未審也，有剛愎爲懷，一意孤行，而輿情多有未協者矣；有阿意徇物，違道干譽，而公論亦有難憑者矣。君子則以觀民者實爲徵焉。等殺之分存乎禮，徵諸民而等殺可酌其宜；器用之利存乎度，徵諸民而器用可別其良；形聲之辨存乎文，徵諸民而形聲可明其誤。熨貼三重，工力悉敵。推大同之治，尤推大順之機，雖溯其原，式禮本足以安身，謹度本足以律身，修文本足以彰身，而一思夫向背所關，則體諸身者縱無愆，而驗諸民者恐未當也。顧彼民嵒，畏每深於朽馭；當於民監，察必及於隱微。蓋道之行於民者，不敢稍忽焉爾。得"徵諸"神理，不從研鍊見長。本身徵民，君子詎有驕乎？然其道猶不止此。

　　兩大比按切發揮，樹義必堅，摛辭無懦，心精力果，氣足神完。

本諸身徵諸庶民

潘其珵

　　由身而推於民，其盡善者可驗矣。夫身者三重所從出，民則由身而推之者也。有所本斯有所徵，其盡善不已可見乎？且居上不操乎宰制之原，則敷錫之體不立也；居上不問諸輿情之協，則措施之用必乖也。古聖王出身加民而治人，胥本一身之自治，并罔拂斯民之情以爲治。則治體以立，治道以行，而治之由觀我而觀民者，亦無不善。開局宏敞。如居上之君子，使無三重之道，則不能自治其身，遑問乎民哉？惟然，而君之本諸身尚矣，君子之本諸身而即以徵諸庶民，又要矣。提起筆如山立。今夫建極爲錫極之樞，執中爲用中之宰，其理有操於宥密者，則身爲本焉。夫身爲君子之身，自修德凝道以來，喜怒哀樂，中和致而吾身裕位育之功；擇善固執，誠明推而吾身基變動之效。"身"字一層。由是而得位乘時，則綏猷爲有本矣。使其外本以圖，則驕慢之心生，而民於何從？惟事有至繁，操本以要於一；政或至變，握本以歸於常。"本身"一層。則禮有節文，準以吾身之惇庸，而罔或紊矣；度有裁制，推以吾身之率履，而罔或違矣；文有音義，證以吾身之精研，而罔或忒矣。照三重分貼，力透紙背。推其心，直若不暇徵於民也。而必先本諸身者，欲聊百族之性情，惟在正一己之性情也。君子修身以立極，固以其身爲範圍曲成之準，而大本於以克立耳。交互一筆，手法甚細。是則議道自己，既不寬吾責備，以馳創垂之精神，而問俗觀風，尤必竭乎詳求，以順斯人之好惡。中作一紐，精神百倍。將見雲雷驗經綸之象，箕畢協眾好之情，其治有觀乎風動者，則庶民可徵焉。夫民爲君子之民，當有德有位之日，損益合乎時宜，民不敢以爲無徵而岐其趨，而創制臻於大備，民不敢以爲不尊而生其頗。"民"字一層。由是而家喻戶曉，則向化爲可徵矣。使其强民以從，則驕怠之氣盈而身範已虛。惟徵於一日而感乎者驗其信從，徵於百年而久道者觀其無斁。則以昭軌物，民遵其禮而無異俗矣；以辨等威，民凜其度而無僭踰矣；以正書契，民守其文而無變易矣。推其心，以爲既本於身，愈當徵諸民者，默觀一世之率循，益知皇道之無偏也。君子因民以出治，直視其民秉是非向背之公，而徵驗自不容已耳。"徵民"一層。然而所徵更不止此。

兩比遙對，局法謹嚴，精神滿腹。

庶幾夙夜

梁浩才

致警於夙夜，《詩》有厚望於客焉。夫夙夜之間，易至於忽也，而《詩》顧爲庶幾之詞，其勗客者至哉。且古人之朝乾夕惕也，夙興存匪懈之忱，夜寐致怓淫之警，非過慎也。蓋德鼎非遥，寸陰宜惜；銘盤如在，昧爽宜規。宵旦也，而敬其矢之，詩人獨爲王賓警者，抑何勉之深而慮之遠也。開局雅飭。無斁無射，我客之於彼此，其庶幾乎。美飛翔於振鷺，久欽嘉客之儀容。然於外而著其光華，尤必於内而深其勵翼，所貴行不愧影，寢不愧衾，以勵精神於靡朝靡夕。歌戾止於西雝，咸美王臣之畢集。然於世而顯其聲光，尤必於己而昭其敬慎，所貴冥無墮行，昭無失節，以深黽勉於日旦日明。虛籠夙夜，莊雅可誦。是則夙夜之不可忽也明矣。豈於我客而獨忘之耶？四百載之統承，胥於夙夜凝其命。今我客而溯念先人也，豈其玩時惕日，莫思典則之留貽。夫慎厥修而安汝止，昔之人朝夕不遑者，今日即遜此憂勤，此道仍歸旦暮。庶幾哉奉承家法，可繼克儉克勤之志也。而如曰虛度朝昏，不幾有負前王克艱之美旨哉？六百祀之留遺，胥於夙夜綿其緒。今我客而作賓王家也，豈其乘便養安，莫紹懋昭之懿德。夫戒怓淫而凜匪彝，昔之人宵旰有警者，今日即遜此功修，厥詣仍歸晨夕。庶幾哉率祖攸行，直可接不遹不殖之修也。而如曰偷安旦夕，不幾大負先王顧諟之嘉謨哉？分貼"杞""宋"，有典有則。夫然，夙夜雖暫，而不可或忘矣。好慢遊者罔晝夜，作荒淫者靡晦明。我客彼此咸宜，萬不至夙夜怓淫，轉墮其身於疚惡。

第以精神偶放，則指謫爲已多矣。惟懲逸豫於寢興，憂勞者夙夜之象，敬止者夙夜之神。庶幾勉力修爲，有以自勵於明動晦休之會。_{照定終譽，語無泛設。}夫然，夙夜雖寬，而貴能自朂矣。平旦幾希，精神易散；嚮晦宴息，志氣多頹。我客惡射胥無，諒不以夙夜優游，致入其身於叢脞，第以防檢偶疏，而廢弛爲已多矣。惟課就將於昧旦，畏天者夙夜之心，修德者夙夜之志。庶幾殷勤從事，有以自勵於作所無逸之休。以永終譽，《詩》爲二王之後詠者，可以知君子有譽之本矣。

　　文情斐娓，切理猷心。按切"二王之後"發揮，不苟爲炳炳琅琅，尤見匠心獨運。

爲人謀而不忠乎

陳鑑泉

　　人事無異己事，首以不忠自省焉。蓋事而爲之謀，則是吾身之事矣，而不忠可乎？故曾子以之自省。若曰：許人以事者，即許人以心，未有存諸心者先留其憾，而措諸事者可泯其憾也。夫慮事之智存夫識，而恃識者恆疏；幹事之能存夫才，而逞才者易蹶。惟合識與力而總貫之以誠，夫然後以無憾於心者無憾於事，即以無憾於人者無憾於吾身。_{快馬入陣。}夫吾之日省吾身也，何在不以盡己爲兢兢哉？然而己之易涉於不盡，而尤不可以不盡者，則莫如爲人謀。_{落脈圓緊。}事非有難辭之責，人奚謬以相勞？是委以機宜，在人方謂我引爲己任，而不以彼此分其念也。則圖維於先事者，已有不容不盡之義。事非有深諒之真，人何輕以相寄？是托以機務，在人方謂我能勝其責，而不以公私分其志也。則仔肩於當事者，自有不能不竭之誠。_{二比"爲""謀"一頓，"忠"字已在箇中。}謀之貴於忠也，豈以爲人而不然哉？吾竊自省矣。得失者事機所隱伏，初非顯著於耳目之前。故有爲智識所及知，即有爲智識所不及知者。而省之以忠，則不以智識之及不及爲程，而以智識之盡不盡爲程也。苟智識之既盡而或失之，失於意外者，神明無可歉；然智識之未盡而倖得之，得於意外者，神明多所歉矣。況乎智識之盡不盡，尤非己之可以自限其程也。吾惟期謀之勿歉於心已耳。成敗者事勢所由成，亦非顯呈於見聞之地。故有爲才力所可能，即有爲才力所不可能者。而省之以忠，則不以才力之能不能爲量，而以才力之竭不竭爲量也。苟才力之能竭而或敗之，敗於偶然者，隱微無可疚；然才力之未竭而倖成之，成於偶然者，隱微多所疚矣。況乎才力之竭不竭，更非己之可以早畫其量也。吾惟期謀之勿疚於心已耳。"識""力"分發，力透中堅。雖吾之質最魯，魯則謀畫常虞其不逮，而不忠正不得借魯以自文也。所以謀之在己，或因艱苦甚而見諒於人；而謀之在人，斷難因艱苦甚而自恕於己。抑吾之材至拙，拙則謀事每苦於難成，而不忠并不容借拙以相貸也。所以引人責爲己責，原非矜幹濟以自炫其功；而盡己心以慰人心，豈忍欺幽隱而自愿其過。熨切曾子，意非猶人，筆特超健。所以省其不忠者如此，而日省之功，猶未已也。

　　精心結撰，健筆獨扛，如顏魯公書，力透紙背。

無友不如己者，過則勿憚改

潘健材

　　友勝己而速改過，人己之間密矣。夫友戒其濫，過貴速改，此主忠信後實學也，此人己所以胥得乎？且學不可無所輔，擇交貴嚴；學不可有所累，治己貴勇。蓋能爲棄，始能爲取，否則濫；能去故，始能取新，否則怠。故人己之間，不惟其寬惟其嚴，不惟其需惟其決。君子爲學，斷出諸此。古節古音。則豈特重威忠信已哉？矜心生而取友易濫，直諒勝己，多聞勝己，慮有形我之短者矣。良朋易疎，燕朋易狎，君子所爲審擇貴精，而不侈聲氣。畏心生而補過愈難，始爲偶然，繼爲常然，將有終身莫贖者矣。亟宜自懲，不宜自恕，君子所爲芟除務盡，而無事逡巡。二比籠題，已監其腦。然而人情恒樂於見優，遇勝己而厭棄生，遇遜己而懨就亦生，縱不至氣與習移，而少示包荒，安知交遊之間不以標榜市也？夫標榜則胡可訓也？人情恒狃於因循，覩聞著而緣飾起，覩聞未著而疎畧亦起。縱不至性與習便，而少萌惰氣，安知隱微之地不以苟安溺也？夫苟安則胡可任也？"友"字、"憚"字看得愈細，"無"字、"勿"字勘得愈深。君子於此，斷斷其無之。想自主敬存誠以來，其視不如己者，分氣候不分畛域；其所謂無友者，在志趣不在應求。何也？人每相絕太甚，君子但不極意綢繆也，故學至慎交而學始精。君子於此，斷斷其勿憚焉。想自威儀恂慄以後，其改過也，義取諸夬，夬者決也，乘之以剛；其速改也，義取諸震，震者屬也，出之以迅。何也？人以畏葸生怯，君子則戰勝愈勇也，故學至窒慾而學始純。承上兩節，字字熨切入微。必謂閉門謝客，轉無以鏡己；必謂割席自甘，復無以處人。惟知善柔易溺，合則難離；比匪多傷，即則易染。防其墮乃可期其升，斯友之無過者足爲取資，友之有過者足爲內省。淫朋絕而麗澤收益，何自而疚生尤悔？何自而冒貢非幾？苟謂疵纇可寬，一眚終累大德；苟謂創懲可待，自便即至怙終。惟知欲甚甘，克以至苦，其疾也若仇；勢甚順，克以至逆，其去也若浼。懲其忿乃可攻其瑕，斯過在友者拒之甚嚴，過在己者絕之甚銳。神明奮而疚惡胥捐，奚自而蹈朋黨之敗名？奚自而陷匪人之喪志？交互一筆，亦不可少。君子人己胥得，而自修之學以全。

題庸熟，文要新警。而所謂新警者，不必牛鬼蛇神，而在乎去膚存液，觀此文前半篇可悟也。

無友不如己者，過則勿憚改

何植生

於擇友改過而嚴戒辭，振溺志也。蓋友不如己，與憚改過，情之易溺也。曰無曰勿，戒之嚴者，所當猛爲力己。今夫人情之所易溺者有二，一在於衒己之長而樂於自封，一在於彌己之短而狃於自恕。自封者氣盈，自恕者氣怯，盈與怯交中乎人心，而厥脩之來者幾何矣？試進觀重威忠信之君子。直搗鼓心。今夫世之學者，束髮授書，競言交友矣。夫亦謂友也者，皆與己爲耦者也。非友而己之身子，非友而己之德孤，友實以己招者耳。獨是天下之人，有勝乎己者，有如乎己者，有不如乎己者。丈夫卓犖自負，其責己也重以周，睇河山而感懷，必欲籠宇宙之英，盡不如己而後快。此立志之高，抑亦古聖賢之所許也。而吾以爲論交之始，則不可以不如己者自封也。先將"友不如己"放寬一步，"無"字乃更無遁情。平居常有傲然不下之態，然猶竊意賢哲之挺生何窮，安知無有什伯於我之人，我殆未可以己多也。及習與不如己遊，儳乎於於而進者，莫予若也。既而妄謂一鄉其若是，一國其若是，且天下其亦作若是觀。臨深加少，冉冉將老，而修名不立，孰階之厲也？然則一言友，惟度量并包者可不拘矣，否則能嚴而莫寬，能慎而莫濫。吾深爲之戒曰：無友不如己者。寫"友不如己"，明快之中，別饒痛切。至若學者質謝上聖，難語無過矣。夫亦謂過也者，貴以改爲期者也。能改不妨於有過，能改則復於無過，過亦何必諱者哉？獨是天下之人，有省身而寡過者，有過而即改者，有過而憚改者。達士拓落不羈，其涉於過者不經意,值一行之愆尤,亦且以大德之不掩,而又何傷於憚改?此流俗之失,抑亦士君子之不免也。而吾以爲克治之學,則不可以憚改者自恕也。放寬"憚改",較難着筆,妙能自圓其說。平時即有惕然自檢之思,然且或容非幾之竊發莫知,以至除疾務盡之未能,是欲改者尚難以悉改也。況乎改而憚爲改,是其憒憒以往者,曷予極也。但覺其遲之他日而如故,遲之又久而如故,即遲之終身亦依然一故吾。如墜如崩,遥遥脩程,而迷途莫返,誰貽之慼也?然則一言過,惟德不瑕者當別論矣,否則必視堅而摧,必振怯而猛。我深爲之戒曰:過則勿憚改。將軍欲以巧伏人,盤馬彎弓惜不發。合之重威忠信,君子脩此四者故全。

題最陳熟,文自深警,其勁裝古服,撲去俗塵,尤非能手不辨。

夫子温、良、恭、儉、讓以得之,夫子之求之也

霍景洵

爲言求者妙言得,即求亦可深思也。夫不知夫子之得,不可以言夫子之求。得以温、良、恭、儉、讓,則言得也可,即言求亦無不可。且人於不可必得之數,而能操必得之權,遂以爲其人之善於求而必得焉耳。不知挾所求以爲得,得亦張皇;神所得以爲求,求難擬議。惟得不必矜言得,求亦不必諱言求。是雖不以得與求之分數論,而不即得之分數,益無以名其求之分數也。知此者,可與論夫子。語雋。子以夫子之聞政爲求,殆泥不求則不得之説也。抑知求有可以得者,有不可以得者,何夫子之必聞乃若是,則夫子自有以得之者也。然謂夫子有心於得,即舍求言得,而仍不出於求,何

19

也？言動稍存其形迹，晉接或涉於矜持，則雖獲虛心下問之隆，而兩意之交孚未化。故謂夫子無意於求，而以得爲求，而倍覺妙於得，何也？性情範以中和，容貌安於樂易，則雖非問難質疑之會，而一德之感應自神。方圭圓璧，動合自然。蓋溫、良、恭、儉、讓，非以是爲夫子之求，而以是爲夫子之得也。大抵斯人之畛域，多起於兩不相喻之天，惟夫子和順積中，初不知人世間孰爲可疑，孰爲可忌。而與接爲搆，仍自循其周旋中禮之常。彼聆其言論，仰其丰采，不啻默喻焉，而頓覺畛域之潛消也。故目以求而自覺懸擬之多疎，即目以得而尚覺形容之莫罄。束清上截。然則聖德之感通，常隱於化不可知之內，非吾黨推求其故，亦豈見酬酢間卑以自牧，和以處人。而相動以天，有如是過化存神之妙。惟窺其德貌，想其禮容，乃有以知之，而信其感通之有自也。故見爲得而莫非自然之感動，亦見爲求而無非獨具之精誠。恰到下截。二比一開一合，中權制勝。若是，夫夫子之求之也。念自一車兩馬，而問俗採風，莫已於斯世斯民之故。在夫子亦有似乎求者，然而求固獨有夫子也。和氣所孚，萬物自相遊於太和之宇，吾曰夫子之得也，人曰夫子之求也，則其求誠出於意計外矣。還下截，亦虛活有法。想其越國過都，而分廷抗禮，咸孚於一進一退之間。在夫子若有深於求者，然而求不失爲夫子也。光輝所著，百辟咸樂親其道德之容，吾曰夫子固有所以得之也，人曰夫子別有所以求之也，則其求又在吾想像中矣。以視人之求之，異乎？不異乎？

　　結搆完密，心細手和。

學而不思則罔

丁　照

　　學以思而得，爲不思者指其弊焉。夫學所以明理也，然不思則亦罔矣，人奈何其以學廢思哉？且今之人兢言學矣，以爲吾苟學焉，而其事已無餘也。夫學誠吾儒事矣，特其所以爲學，有不在乎迹而在乎心者，使徒以迹求而已。則其去未學也，又幾何耶？輕攏慢撚，雅人深致。圖書既啟以後，名理日貢其新機。是故有所聞焉，而乃得聞所未聞也；有所見焉，而乃得見所未見也。事體燦陳，造物不早以神明相餉乎？學原不廢。乾坤孕育之精，平庸必寓其至理。是故有所聞焉，未必聞之即喻也；有所見焉，未必見之即通也。耳目塊然，宥密不得廢研窮之功矣。所以要思。則有學之不可無思也，亦明矣。人心以用而日靈，置一事於此，吾學焉而未晰其故也。迨思之而知其所當然矣，更思之而知其所以然矣。我心實獲之致，豈僅從學中來耶？如曰成迹具在，而惟是佩而服之，於是乎涉躐焉，於是乎泛騖焉。彼其意亦詎不自謂有得，而究之問其所當然而莫之解也，叩其所以然而莫之應也。身在事中，而心實出事外矣，罔矣。發揮題蘊，一波三折，文心絕世。精義以窮而日出，設一理於此，吾學焉而僅得其似也。迨思之而辨其同中之異矣，更思之而會其異中之同矣。吾心獨得之奇，夫非從思中致耶？如曰義理無方，而何暇詳而審之，於是其心躁焉，於是其氣浮焉。在他人或亦疑其明通，庸詎知見其同而不能別同中之異也，見其異而不能識異中之同也。身與理赴，而理終與心隔矣，罔矣。且夫思非獨在學者也。古人之書，今人之事，無不從殫精竭慮而出，是其予我以可學者，皆早示我而用其思也。乃彼以神寓之，而我僅以形接之，無怪乎扞格而罔獲

21

矣。至於扞格，而始悔夫思之不早也，不亦晚乎？要言不煩。則罔正不宜在學者也。《詩》《書》之蹟，傳聞之繁，無不由心解神會而得，是予我以可學者，固已先我而去其罔也。乃自彼出之而明，自我效之而昧，則以探索之有未深也。不事探索，而徒咎夫學之誤人也，不亦誣乎？吾亦惟願學者之兼用其思而已矣。

分風擘流，印泥切玉，理題上品。

學而不思則罔

陳梅脩

學不可廢思，反是則昏然矣。夫學而以思濟之，庶有得也。不然，其免於昏昏無據者幾希。且人第知學所以濬吾靈也，而不知亦即以蔽吾靈。夫虛靈不昧，此中有引而逾進之機，亦安有求靈而反蔽者？乃深觀夫閱歷攻苦之後，而蒙昧依然，然後知非學之蔽人，學而不求以通其學者之自蔽也。此亦閱歷攻苦之言。今夫致知者窮理之本，明睿者作聖之基，天下固未有學而可廢思也者。蓋斯道燦陳之迹，不貴能博而貴能約。得其博則涉獵而多疑，持以約則體驗而可信。一事也而深思其故，務求其類義之所通，則疑者信矣，信則迷誤之見袪。吾人聰明之用，不貴能出而貴能入。用其出則愈淺而愈浮，用其入則愈深而愈確。一事也而沉思獨往，直究其分際之所歸，則浮者確矣，確則游移之弊去。提起"學""思"，全爲"而""則"作勢。是則學而思也，乃所以成其學也。而奈何有不思者，佚其情於汗漫之途，誇多鬥靡，究之偶閱其一而以爲可守者，更閱其一而又以爲可遷也，則其神渙也。騁其心於聞見之地，薄涉淺嘗，究之得其近似而以爲安者，蓄其不知而亦以爲富也，則其氣矜也。洗發"不思"，"罔"字早到言下。況乎任耳而不任目，任口而不任心，據其實反以累其需，如是則機窒。而且尚詞章徒勞記誦，執器象何與神明，蹈其故無由啟其新，如是則志拘。夫神渙則不能約束以求精，氣矜則不能沉潛以深造，機窒則不能流通而一貫，志拘則不能變化以入神。如是而欲其瑩然畢照也，斷然可憑也，確乎不拔也，不可得矣。於戲，罔矣！承上四比，跌出"則""罔"，有羣山萬壑赴荊門之勢。剽竊不足號通儒，惟即斯道之精微，曲折反覆，不厭其求詳，久之而深者見爲淺，久之而淺者見爲深，思之精所由守之固也。不然，稗官野史，非無掌故之習聞；卜祝巫醫，亦有成書之可按。而學士終恥言其陋者，非以闇於其義之故哉？考據無關於大雅，惟即斯道之日用倫常，玩索以求其心得，久之而難者見爲易，久之而易者見爲難，思之熟所由行之當也。不然，魯鼓由庚，炫博者徒資其辨難；鶹飛龍鬭，貪奇者好騁其見聞。而君子謂枉用其力者，非以昧於其原之故哉？熨切"學"字，發揮"罔"字，豪不走作。學者當知思之不容廢矣。

發揮兩截，同一鼻孔出氣，真通人之論。

學而不思則罔

黎熾遠

以罔爲不思者戒，所以警學者之用心也。夫學而得罔，何貴於學而不思，則其弊至此，學者可勿用心乎？且人心或愚，惟學可以愈之；人心或昧，惟學可以開之。而勿用其心，則愚者益愚，昧者益昧，非學之能愚人昧人也。學足以破愚，必不能破冥心者之愚；學足以啟昧，必不能啟昧心者之昧。夫至不能破其愚與昧，一似學亦適以愚昧人者，而不知皆其心之自爲愚昧也。白太傅詩，老嫗亦解。今夫學，非所以廣人之聰明，濬人之智慧，而事無不達，理無不明者哉？然而不思則有慮。謂古人事事可師，而古人究何可盡師？君

23

父所不忍言，忠孝恒多委曲，事勢出於無奈，聖賢亦費調停。古人古訓，兩義詁學，字甚賅括。非矢一念之靈明，以實爲體驗，安知不爲古人所蔽也？且即不爲所蔽，而所學已先蔽矣。謂古訓言言可信，而古訓究何可盡信？流傳者年湮代遠，六經皆有訛言，脩削於學士文人，史策非無遁筆。非竭寸衷之神智，以密與糸詳，安知不爲古訓所蒙也？且即不爲所蒙，而所學已先蒙矣。二比言學貴於思。則罔而已矣，且夫學亦何以至於罔哉？莫罔於對《詩》《書》而不識一字，遇聖哲而不辨一人，而不思則雖有所覩記，有所見聞，適以錮其本體之清明，而益增回惑。莫罔於舍明訓而自用其愚，背前賢而自安於陋，而不思則雖廣爲探羅，博爲涉獵，亦止以供其一時之記誦，而絕少會通。二比正轉"不思"。其精神不相屬，雖文字亦難牖其靈；其情意不相投，雖師友亦難通其蔽。性命身心之故，原不能離所學而探其微，獨奈何以不思自窒乎？藉口於經術之腴，而執滯反以誤人家國；拘守乎章句之末，而迂闊終無當於事情。蓋研究不深，則所見無非糟粕，背乎所學而識暗，泥乎所學而識愈暗也。彼徒事口耳者，何自以爲得計哉？掃却古今多少人物。非反覆推詳，必不能折其衷而要於是；非再三尋繹，必不能會其説而得所通。名物象數之繁，原不難藉所學以窺其奧，獨奈何以不思自錮乎？語皆親歷。文章可以炫世，而胸中實無一策之能施；學問可以驚人，而心得竟無一端之可信。蓋情懷不洽，則所據總屬支離，愓於所學而見昏，得其所學而見亦昏也。彼漠不經心者，尚其知所悟哉？二比實發"不思則罔"。學之不可廢思也如此。

　　箇中甘苦，非親歷者不能言之有味。似此息深達臺，可以窺見一斑。

多見闕殆

凌成望

見貴於多，而殆者亦當闕也。蓋見不多，則不知其殆，多見焉，而殆出矣。亦惟闕之爲可。嘗謂耳聞不如目見，則學以見爲尚焉。顧見以廣而識始開，亦見以廣而心乃雜。蓋狹取之則效法無資，而濫取之則是非無據。至於心有未安而罔所決擇，則不能以一己之見定天下之見，而適以天下之見亂一己之見。突提“見”字，朗若列眉。如多聞之資於言如此，豈不以百聞不如一見，故待於闕疑哉？今夫見也者，可與否非同耳食，而取與舍不等風聞，其當求安於心也，較諸聞爲益切矣。雖然，亦以多爲貴。承上卸落，得機得勢。其或見於古也者，無論參稽盡善，固存之以示不忘；即或紀載未精，亦識之以備參考。則得失並記，見以涉獵而益該。其或見於今也者，無論心所已安者，奉之爲權衡；即心所未安者，亦藉之爲參證。則善惡俱存，見以廣通而不狹。二比安頓“多見”，妙能涵定“殆”字，故不落空衍。此見之貴多也。然而多所見而殆起矣，且多所見而殆更多矣。殆以多見而始生，苟非廣參博考，則雖殆也亦昧焉而罔覺。夫古人之爲一事，其必安之也明矣。乃自學者見之，覺其有不安焉。此固指示無待於他人，而安否自決於一心者也。迨所見既多，而所謂殆者，自無毫釐之可混。殆以多見而莫定，苟非互證並觀，則雖殆也亦曶焉而不知。夫今人之爲一事，亦自以爲安也明矣。乃自學者見之，自覺有不安焉。此不特見之而未善者爲殆，即見之而未盡善者亦爲殆也。迨既多所見，而所謂殆者，不覺辨別之彌精。二比發揮“殆”字，確有見地，不同捕風捉影之談。是非闕之不可。殆與疑異，疑者審於理，事物之未明者難知；殆者出於心，隱微之未慊者易見也。闕之，則凡所見之未是者，不使紛焉而雜進。故不以無所見而貽譏於淺陋，亦不以多所見而致悞其從違。即以上句襯出本義，如切玉刀，如分水犀。闕殆與闕疑亦異，闕疑者以聞尚虛而其理難信，然非一疑而不可復信也；闕殆者以見雖實而於心未安，然非一殆而不可復安也。闕之，則凡所見之未當者，不至惘然而妄爲。故見雖多而不淆於寸衷，亦見益多而可參於異日。如是而慎行其餘，則悔可寡矣。

　　印泥劃沙之筆，瀝心切理之談，望而知爲潛心篤學之士。

不患莫己知，求爲可知也

黎熾遠

　　以所求矯所患，可知則不必知矣。夫使無可知，則莫己知豈不足患？然亦無可知，斯莫己知殆足患耳。尚其專所求哉？且君子爲己之學，不必人知也，亦不必人不知。必人知，則將假實行以博虛名，而名之既虛者，行終不實；必人不知，又將避虛名而怠實行，而行之不實者，名亦終虛。夫惟知也可，不知也可，不知而終知之也亦無不可，斯妄念除而篤志見耳。開闔圓暢。今夫人共慕我之名曰知我，足當人之知曰可知。有可知而後人知也，有可知而亦可無人知也，何吾人竟以莫己知爲患哉？從"知"說到"可知"，即從"可知"跌出"不患"，文心敏妙。三代下恐不好名，憂慮久而憤激生，未始非鼓勵進脩之具。患莫知，亦有可知之漸也。故借避榮以爲藏拙，原非儒者之所以爲心。不說"壞患"莫知"不患"，乃更高一層。爾室中惟期務實，浮情多而躁心勝，每足阻勤求邁往之力。患莫知，即無可知之漸也。故無實德而盜虛聲，誠非聖賢之所以爲學。一意翻作兩層，妙不將下截打成兩橛。而吾且即其患莫知之心，轉而爲求可知之心，更即其求可知之心，易乎其患莫知之心，則以爲不患莫己知也，求爲可知而已矣。不沽名亦不逃名，專其心於沉潛篤實之修，不必人以我爲聖賢，而惟恐我之非眞聖賢。則矯務外之情以務内，即至行成德立，而精神未敢稍馳。無浮念亦無惰念，堅其志於身心性命之學，不必我之見重於世人，而惟恐我之難對乎世人。則本問世之懷以問心，即至望重譽隆，而心力益難少懈。實從"不患"勘出"求爲"，精神團結。故人或知之，則共見其爲可也；人或不知，亦自成其爲可。愈收斂亦愈精勤，無所患而求益切；爭盈虛不爭顯晦，有所求而患益忘。過情之恥，吾知免矣。藉非然者，外至多一聲稱，即中藏多一愧悔，是自貽伊戚也，有轉恨其聲名之過盛耳。且人或知之，則顯證其所可於人也；人或不知，亦密脩其所可於己。尚道德不尚聲華，患之念即消於求之念；戒輕浮尤戒怠倦，求之心即代其患之心。令聞之施，又何歉乎？藉非然者，天下雖有不虞之譽，而吾心究無可問之端，是自長其欺也，有深愧乎實德之多病耳。實勘"求爲可知"，妙皆不脱"不患莫知"。患莫知者，盍反而求之？

　　上截從下截勘出，下截與上截交融，法密機圓，文入妙來之候。

我不欲人之加諸我也

潘健材

　　即人之加諸我者，已見其不欲矣。夫加諸我者人，而不欲者我。惟不欲不獨我者，而即我不已見其不欲哉？且人我之間，其情本夷然耳。故欲觀我，當觀人，而欲觀人之情，當先觀我之情。人情豈必皆難堪哉？乃人不順用其情，偏以逆用其情，且拂我而徑用其情，彼將予我以大不情者，而我乃甚不能忘情矣。試言之：人我者對待之形，而對待者必有其相待之情以見端。欲冀人之待我，不殊乎人之自待而不得，則欲叩人之我待，反拂乎我之自待而不能也。此於相待而隱然見一我也。人我者參觀之象，而參觀者必有其返觀之實以俱流。欲望人之返觀，以鏡己者鏡我而不得，則欲禁人不返觀，不以自鏡者代鏡而不能也。此又於返觀而躍然呈一我也。"我"字一頓，不待圖窮，匕首已現。夫我也，不有不欲人之加諸我者乎？曠觀身世之間，所難以情恕理遣者，人有同然也。獨一我也耶，而以介意哉？而此一人也則太相逼矣。一波三折，筆有餘妍。顧人即不爲我計，亦先自爲計，使當加之時，而默計之曰：是固我所不欲也。安知不欲之事，未必不立起自責，獨奈何不計我乎？夫人亦甚無情矣，正惟其無情，早隱示我以同情也。借曰世固有適情者，而其弗能順情者，可即我以先驗之。針對下文，有背指菊花之妙。靜觀施受之際，其不以順事恕施者，我殊難受也。人亦猶是耳，而不自裁哉？而此一人也，則不相諒矣。顧人既先自爲計，亦宜代爲我計，使當加之時，而代計之曰：是亦彼所不欲也。安知不欲之事，未必果突如其來，獨奈何不代我計乎？夫我亦甚不平矣，要以我之不平，正人顯予我以不平也。借曰世固有能平者，而其弗能自平者，可即不欲以實按之。蓋人莫患祇知有我。祇知有我，則視人也必不如其視我。將可甘惟我，不可甘亦惟我。是惟忘乎我者，始見真我也。我固明明有不欲也，奚容昧？人莫患不知有我。不知有我，則觀人者無以對觀於我。將可受也我恬然，不可受也我亦恬然。是惟明乎我者，始可推乎我也。我固明明受人加也，奚能安？一意翻作兩層，文心敏妙。吾亦欲無諸人，我盍於人夷然，我正於我恍然。

　　繚而曲，如往而復，泠然御風，翛然出塵。

我不欲人之加諸我也

江仲瑜

情有所不欲者,當先驗之於己焉。夫有所不欲者,不獨一我也。然而人已加諸我矣,能勿即不欲而自驗哉?嘗思人各有心,心之欲不欲,局外不知也,而局中知之。故欲觀局中之所以相待者何如心,當觀局外之所以相待者何如事;而既觀局外之所以相待者何如事,尤當觀局中之所以自待者何如心。試爲反己以思,慎無明於觀人,而昧於觀我也。筆如轉圜。今天下不獨一我也,而無不可以由我以推也,試即我之爲我思之。人第知人之中有我,而不知我之外更有我。然使忘其爲我,則天下之與我爲緣者,皆可淡泊相遭也。則一言我而不能不轉計夫人。照下靈醒。人第知我之外皆非我,而不知我之外亦同是我。然使昧其爲我,則天下之予我難受者,皆可置之度外也。則一言人而不能不還叩夫我。對極變換。我儀圖之,則有如我之不欲人之加諸我也。凡人之有所加於我,使其先自度曰:此固我所不欲者也。則先存一反觀之心,而何至遽加以不欲乎?若明明以不欲來也,彼初不計己之能受與否,而竟猝然以加之,是即與我以反觀之法也。賜也撫躬自問,惟歉加諸我者之太不情耳。從對面着筆,下文早已立竿見影。抑人之有所加於我,使其先自揣曰:此固彼所不欲者也。則先存一對觀之念,而何至相加以不欲乎?若明明以不欲來也,彼並不計我之能受與否,而更貿然以加之,是即示我以對觀之方也。賜也夙夜以思,惟歉加諸我者之真不諒耳。"反觀""對觀",恰好照下。一身之悲愉忻戚,實與斯世有不解之緣。賜誠不料同此一心,胡爲而有此逆情之擧也?夫天下惟逆情之擧爲至無常耳,有時加諸意外,亦有時加諸意中。而返諸不欲之心,則意外之加與意之中加,無弗隱然而抱歉也。則凡挾不欲以來者,皆不妨作我觀之。宇宙之痛癢顛連,實與吾身有關通之故。賜誠不解同此一理,胡爲而有此拂意之遭也?夫天下惟拂意之遭爲至無盡耳,有時以有心爲加,亦有時以無心爲加。而揆諸不欲之懷,則有心之加與無心之加,均此拂然而不樂也。則凡抱不欲而至者,皆不妨以我例之。搜剔"加"字,全爲"無加"出力。吾亦欲無加諸人,賜之願在是也,敢以質之夫子。

　　虛涵下句,洗發本位,如水中月,如鏡中花。

君子懷德,小人懷土

蔡維璿

　　戀其所有者有歧,懷亦歧矣。蓋君子祇見德爲己所有,小人祇見土爲己所有,有而懷之雖同,而見爲有而懷之心於此判。今夫人品之壞,莫壞於忘其所有,亦莫壞於不忘其所有,非所有時而不壞,時而懷也,有不可忘之有,即有不可不忘之有。苟非於同此不忘中明別其所有,則君子固能不忘其所有,而小人亦得以其不忘所有與君子相衡。不知其中不忘所有者,固兩不相假。清言見骨。何也?君子所獨見爲有者,必非小人所見爲有者也;而小人所獨見爲有者,必非君子所見爲有者也。夫所自有,非德與土哉?西山爽氣,撲人眉宇。形同即性同,境同即情同。則德非於君子獨優,而土亦非於君子獨靳也,而孰意見及所有者祇德也。人異天不異,身異地不異。則土非於小人獨厚,而德亦非於小人獨薄也,而獨惜見及所有者僅土也。分詁"德""土"二字,字字峭刻,能成一子。惟見及者祇德,則雖置其身於宮室之美、服御之華,而君子不見爲有也,曰:吾所有惟德耳,而精神所詣,於德內有專注無分營。惟見及者僅土,則雖責其身以固有之良、賦畀之重，而小人不信爲有也，曰：吾所有惟土耳，而意向所歧，於土中有中據無旁落。兩邊互勘，"懷"字已出汁漿。當其始，君子曰吾將曜我所自有也，小人亦曰吾將曜我所自有也。均之曜所自有，宜無別有矣。乃一則曜所自有而德日增，一則曜所自有而土日增。在君子小人，固不能易所有以爲曜。合始終發揮，字入木三分。及其繼，君子曰吾將樂我所自有也，小人亦曰吾將樂我所自有也。均之樂所自有，宜其同有矣。乃一則樂所自有而喪土不顧，一則樂所自有而喪德不顧。在君子小人，更不能易所有以爲樂。前四比分，后六比合，好整以暇。蓋德有真趣，土亦有真趣，兩人各有獨喻之真趣，而痞痹相深。而知真趣在德，必不知在土；知真趣在土，必不知在德。兩人難有兼喻之真趣，而縱心孤往。且也懷德者珍所有於己，懷土者亦珍所有於己，君子小人均不假外求。且也懷德者不讓所有於人，懷土者亦不讓所有於人，君子小人同引爲私據。先結"德""土"，再結束"懷德""懷土"，絲絲入扣。此皆懷其所有者也，而懷又不止此。

於"德""土"異中見同，於"懷德""懷土"同中見異，遂爲此兩句結不解之緣。體認既清，發揮自透，筆筆生鑱，戞戞獨造。

君子懷刑，小人懷惠

吳象流

懷及意外者，人品益判矣。夫刑不當及君子，惠不當及小人，是皆意外事也。而所懷及此，君子、小人不益判哉？且意外之事，無與意中也久矣，而用意之各極其深者，恒周乎意外。非不知法罔及身，而意惕乎法，則斜身之法，皆斜心之法也。非不知恩有定分，而意溺乎恩，則非分之恩，皆本分之恩也。法與恩本出意外，法與恩恒入意中，而心術於是益岐，即人品於是益判。緊握"懷"字，却能針對"刑""惠",真空空妙手。君子、小人之所懷,豈惟德、土已哉?有所得於始,恐有所得失於終;有所戀於中,將有所貪於外。精神之所注,愈入則愈深,而吉與凶之各渾於無形者,遂不難以意爲造。有所慕於前,必有所畏於後;有所便於己,必有所冀於人。志向之所趨,愈窮則愈遠,而利與害之萬無相及者,亦皆可以意爲迎。承上卸落,筆機爽快,語意渾融。故猶是君子也,而懷則轉在刑矣。隱微之地,吏議所不及,若爲公議所不容。蓋五服之刑有常,一心之刑無常也。夢寐之中,心法所難寬,若爲王法所難宥,蓋三尺之刑可貸,方寸之刑莫貸也,則懷彌悚也。猶是小人也,而懷則轉在惠矣。報施視乎己,乃己以薄往者,反欲人以厚來。蓋報施之惠有定,歆羨之惠無定也。解推存乎人,乃己爲貪婪者,竟望人爲慷慨。蓋解推之惠有窮,冀倖之惠無窮也,則懷益妄也。實從"懷"字勘出,"刑""惠"刊落一切。且夫科條非以繩君子,而内訟何至自危;利祿非以厚小人,而私心何容自喜?乃刑不爲君子設,君子反躬刻責,不啻罪列爰書;惠不以小人加,小人百計圖謀,必欲居爲奇貨。一則懼辱生平,一則乞憐昏暮,中懷各有所繫。而夙夜之斜繩,較法吏之斜繩而尤密;亦貪饕之推算,視商賈之推算而彌精。爲兩"懷"字勘進一層,力能透紙。且夫君子縱不免於深文之世,而名全則光寵益增;小人縱得志於言利之朝,而勢敗則災殃立至。乃刑固無虧乎君子,而君子省身寡過,初非以震恐爲致福之資;惠本無益於小人,而小人罔利營私,更欲以苞苴通賄縱之路。一則志凛冰淵,一則心熏利欲,襟懷各有所愜。而履困即至終亨,享榮施而猶多愧色;亦行險縱難徼倖,蒙顯勦而卒少悔心。"懷"字推勘到底,不留餘地。君子小人所懷不同又如此。

　　"懷"字原是全章通旨,文卻從"懷"字勘入,不呆衍半句"刑""惠"套言,可謂力大於身。

卷二

盍各言爾志_至願聞子之志

區鑑清

聖賢各有志，於一問觀其深矣。夫子路忘物，顏淵忘己，各言之，已見其志於仁矣。然而子之志必有進也，由之願聞有以夫。且學莫重乎爲仁，而人莫先於立志。志也者，所由適於仁之路，聖與賢所共勵，亦聖與賢所願聞者也。故晤對一堂，而含意未伸，爲師者每以一言動其機，足見聖門之善誘。迨衷懷各白，而相觀而善，爲弟者亦以一言徵諸聖，尤見吾黨之善承。早定一篇之局。曷言乎聖門之善誘也？曰追隨於丹鉛几席之旁，孰具王佐之才？孰裕治兵之畧？兩賢之詣，子已相喻於無言矣。而以言夫志，則固性情學問所見端，日用行習所由著也，烏可以不辨？且夫志，亦貴乎公而不私耳。鄙吝之儒，其視人也輕，則其視物也必重；好勝之士，其自誇也過，則其自足也必多。不實究其精神意向之所趨，無以體仁，即不足以求仁也；不分察其隱微幽獨之所注，無以行仁，即不足以爲仁也。懸空反照"車""裘"兩節，妙在置身題上。夫子曰：爾固各有志哉。爾有志，宜自言焉，其無庸隱諱矣。且各言焉，正不妨少異矣。懸一志以爲淑身淑世之本，即出一言以爲觀人觀我之資。彼車裘與共者，或得聞大公之志於夫子未可知也，善勞弗恃者，或嘗聞無我之志於夫子亦未可定也。然非夫子之善誘，何以聞此？清還上截，即打通下截，心細如髮。曷言乎吾黨之善承也？日習見其威儀文辭之美，一語默而皆中節，一動作而亦從心。夫子之教，由已平日所熟聞矣。而以言夫志，則固性道之所淵涵，思勉之所悉化者也，烏可以不審？且夫志，亦視其人爲大小耳。解推之誼，雖勇於行義，未必爲萬物之所歸；謙仰之衷，縱莫與争能，誠恐有一間之未達。使得其一體而不求其志，即此自滿之懷，何以進乎仁也？使幾於具體，而弗底於純，即此自畫之情，何以依於仁也？子路曰：子固有其志哉。子有志，是吾人所欲聞，而奉爲步趨者矣，更吾人所甚願，而樂受提命者矣。藉其志以爲吾身考鏡之符，即尊所聞以收日進无疆之益。庶幾車裘與共者，一證以子之志而其言若失也；善勞弗怖者，一參以子之志而其言彌廣也。然非子路之善承，何以言此？即以兩賢之志襯出聖人之志，節拍天然。故曰：聖賢各有志，於一問觀其深也。

　　羅浮二山以風雨離合，蓬萊三島隨波濤上下，是推陳出新老手。

盍各言爾志至願聞子之志

關鷺飛

　　志有各肖其所學者，得聖人而志益進矣。夫子詔顔淵、季路以言志，亦欲即所志以覘所學也。若子之志，子路不更願聞哉？昔聖門以夫子之學爲學，即以夫子之志爲志。其以夫子之志爲志者，夫子之知二三子也深。其志夫子之志，而即知夫子之所以爲志者，二三子之知夫子也亦深。若是，則夫子可不必使二三子言，而二三子亦可不必更有聞於夫子。而抑知不然。日者顔淵、季路侍，侍夫子者，欲有聞於夫子者也。且欲有聞於夫子之志，而即奉其志以爲學者也。乃不謂顔淵、季路欲有聞於子，而子先欲有聞於顔淵、季路，於是乎使言志，且使各言爾志。眼明手辣，掣起題尾，趙子龍一身是膽。謂由素奉子志爲志，而何以由言志，適成爲由之志？謂回素奉子志爲志，而何以回言志，適成爲回之志？性情之內，品詣呈焉，此固夫子所不能使強爲同也。抑謂由志即回志，而何以由言志，已不同於回？謂回志即由志，而何以回言志，又不同於由？俯仰之間，分量見焉，此又夫子所不欲其故爲異也。則有以裘馬與共爲志者，由言之，是即夫子大道爲公之志也，而子願聞；又有以無伐無施言志者，回言之，即是夫子聖仁弗居之志也，而子願聞。上二比渾寫上截大意，此二比清點上截題面，才大心細。獨是夫子願聞，則亦既聞之而相忘於無言矣。即回亦樂聞由之言，而且與子相忘於無言矣。維時夫子悠然，顏淵寂然，而子路則不覺殷然曰：願聞子之志。轉落下截，官止神行。其或因回之志以求夫子之志與？天不可階而升，聞回言，殊幸有層級之可循也。由之不吝若此，而回之不驕忽已若彼。則深而探之，神聖事業所由基，當不知有若何微眇者。於其微眇者而忽之，則無不忽之耳。由也上觀千古，下觀千古，覺禹、皋、伊、傅之經綸，其端皆起於方寸，所願與子揚搉而陳之。其或不泥回之志以求夫子之志與？聖不可學而至，聞回言，殊覺其具體之尚微也。由之不吝，既儗不於倫；回之不驕，亦瞠乎未逮。則引而推之，至人精神所由運，當不知有若何神化者。於其神化而通焉，斯無不通焉耳。由也仰觀天時，俯察人事，覺天地民物之寄托，皆環而伺於隱微，所願與子從容以道之。還下截仍以子路作主，別見廛眼。吁！子之志，豈獨子路所願聞，即顏淵亦願聞也，而志皆以言傳矣。

　圓月照海，比其靈明；慧風吹雲，方斯潔淨。

盍各言爾志？子路曰：願車馬、衣輕裘，與朋友共，敝之而無憾。顏淵曰：願無伐善，無施勞。子路曰：願聞子之志

霍景洵

陰有所勵者使言志，爲其所勵者竊有請焉。通篇主意。蓋子知由之志不如回也，使言志以陰勵之，而謂子路能不進求聖人之志哉？且聖人之於賢人，以一志爲鼓勵也，而非互考之。則於其所勵之人，不知借人以自勵，更何望其進求乎上以交勵哉？惟隱寓以激勵之心，曲予以策勵之術，使知夫以人勵己，然後能恭觀於聖與賢之分際，以交勵於無窮。一起握定主意，如餓鷹側翅。不然與我惟爾，子之志既孚於顏淵；從我其由，子之志亦通于子路。奚事鰓鰓然欲聞二子之志，而詔以各陳所願哉？倒戈而入，揭過常解，恰好發難，揭出主意，斬關而入。蓋子之所欲勵者，不在顏淵而在子路也。夫淵自克己以後，於聖人之志，不過未達一間耳。若由則躁氣未平，矜心未化，雖日與二三知己，濟緩急、通有無，可以愧天下之重財輕友者，而究於聖人之素願，未有聞也。不以回勵之，則將謂由之志，同於回之志，且同于子之志也。而子路之學無從進矣，夫子之教無從施矣。乃子不遽謂己之志異于子路也，亦不遽謂回之志異于子路也。第誘以言志，一若知車裘與共，由之願有然，而故導子路以直言不諱也者；又若知善勞胥忘，回之願有然，而隱示子路以相觀有得也者。中間消納，側注平還，面面圓到。蓋事以參稽而自見，物以對鏡而自明，人以並衡而自失。特恐夫子存之，子路昧之，則將謂由之志，不必同回之志，且不必同子之志也。而夫子之教終無由施，子路之學終無由進。抑知子路欲學聖人者也，不惟進由于回，且進回于夫子。以

爲忘物之心，較諸忘己之心，而已有廣狹之殊，將有渾乎物與己以見志者；不吝之詣，衡以不驕之詣，而已有深淺之別，將有泯乎吝與驕以存志者。既借回以自勵，復觀子以相深，愈覺一車一裘之不足見夫子也，又覺一善一勞之未足盡夫子也。大海迴風生紫瀾。於是悚然興，翻然悟，而自喻乎誘使言志之深心，將見由之志，可以同回之志，亦可以同子之志矣。而子路之學知所進焉，即夫子之教得所施焉。滴滴歸源。更觀夫子言志，而二子之各言其志者，皆在渾化中也，不特可以勵由，并可以勵回云。

　　因題立格，側重勵由一邊，亦是本等作法。具此手眼，一切陳因語無從犯其筆端。

盍各言爾志至願聞子之志

馮譽驄

　　詔兩賢以言志，賢者更願聞聖志焉。夫兩賢各抱其志，而子路已不逮顏淵矣，願聞子志，子路豈以己志自域哉？且賢人之志，志在聖人，則謂賢人之志，即聖人之志可已。明快。顧兩賢各抱一志，而賢人之志，已若不逮賢人。更何論聖賢各抱一志，而賢人之志，遽得上擬聖人。然而賢者不安於賢也，賢者將希乎聖也。君子曰：充斯志也，即進於聖人之志而無難。含毫邈然。二子侍側，夫子將欲觀其志也。昔者四賢侍坐言志，子路率爾先對，而夫子獨與曾點，謂其有契於夫子之志焉。閒中布子，却非閒着。今二子之志，未知有契於夫子之志否？第見夫子詔之曰：盍各言爾志？夫子固深知二子之志矣，願聞其志，將以二子之志明己之志也；夫子固不私一己之志矣，願聞其志，將以己之志進二子之志也。一噴一醒，要言不煩。維時子路先殷然起矣，車裘之敝，期于無憾。大公無我之心，非有志于學聖人者不能也。甚矣，夫子願聞之也。乃觀顏淵，而子路已爽然失矣，善勞之地，期無伐施。物我無間之懷，非有志於學聖人者更不能也。甚矣，夫子尤願聞也。嗟夫！顏子之志，其與夫子未達一間者無論已，即子路之與共無憾。其激頹風而振末俗者，使終身誦之，不復願聞其他，詎非夫子所心許者哉？然而賢人而不期于聖，則賢人猶有遜於賢人之時；賢人苟不域于賢，則賢人終將求乎聖人之境。此夫子之志，子路所以願聞也。轉折圓湛。今夫子路有聞，未之能行，固唯恐有聞者也。當日者，聞顏子之言志，而自知未能，何暇更求所聞者？乃内顧己志，而彌覺欿然，外觀同志，而仍未快然。於以知賢人之志，志在聖人。微特子路願聞子言，即顏淵亦甚願聞子一言，以恢拓其志者矣。突提"聞"字，橫絶一切。是故觀人於已然，則觀其志；觀人於未然，則觀其願。志在此而願即在此者，賢人之有志而共白者也；志在此而願更在彼者，賢人之有志而未逮者也。君子曰：充斯志也，即進于聖人之志而無難。迴應老極。

能掃却一切窠臼，筆端有辟塵犀。

願無伐善，無施勞

黎熾遠

伐與施兩無，不違仁者所願也。夫善勞亦分内事耳，伐施何爲者？顏子願無之，其即不違仁之心乎？想其志曰：吾人所最難泯者，惟此驕矜之一念乎。不必曰逞其功能，但使有一自以爲功、自以爲能之心，則其志先滿也；并不必自居其功能，但使有一未忘乎功、未忘乎能之心，則其氣已盈也。今夫滿盈之不可有也久矣。一起直湊單微。囘何志哉？囘亦惟求盡其分内之事焉耳，盡其分内之事而不敢自足焉耳。然而盡之實難，盡之而不自足尤難。慨然自命爲聖賢之徒，則所知所行，何者差堪自慰？乃歷一途而不覺欣然喜，進一境而愈不覺怡然安。滿假之情，即隨邁往之情而起，如是者是爲伐善。巍然中處於天地之內，則爲民爲國，何者可以自解？乃奏一效而即覺非我莫能，樹一勳而愈覺無人與並。張皇之意，即緣建立之意而生，如是者是爲施勞。鍊句渾融，自然合拍。且夫善勞，亦何足伐，何足施哉？思此身爲萬物所則傚，不善而何以作儀型？思此身爲萬物所憑依，不勞而何以能拯救？則雖善滿天下，勞在萬世，究非于吾分外有加，而又何可言伐，何可言施？思萬物何以取法於吾，不善而更何以自立？思萬物何以待命於我，不勞而更何以爲心？則雖有善不矜，有勞不德，猶恐於吾分内有歉，而并何敢言善，何敢言勞？雖然，而回竊有願矣。勘進一層，刊落一切。既不能率天下而盡入於善，率天下而盡泯其勞，而復欲以尺寸之長，誇耀人世，回其何以爲回也？乃力除其伐，而愈覺伐之難除；力去其施，而愈覺施之未去。至人無欲，何堪留此浮驁之意，以自阻其篤實之功？此則回之所爲夙夜不遑者矣。方且欲以天下之善爲己善，以天下之勞爲己勞，而反令此誇大之情，自慚衾影，回更何以對人也？乃明知善無可伐，而偏覺伐之意猶存；明知勞無可施，而偏覺施之心尚伏。大道無私，何堪有此矜張之懷，以自隘其公普之量？此則回之所爲惕厲難安者矣。春之盎盎，水之迢迢，情往興來，如贈如答。倘其終不能無伐，終不能無施焉，回之願更何日能釋也？“願”字神光在此，臨去秋波一轉。

　　神淵吐溜，濡翰欲飛，後幅興會飇舉，極抗墜抑揚之致。

願無伐善，無施勞

陳梅脩

　　大賢能克己，不自有其善與勞焉。夫善而伐，勞而施，其爲累也多矣。顏淵無之，克己之學，所由純乎？且己有德而己敗之，己有功而己域之，此斷非人情，然誠不欲自敗自域矣。而窺其所以處此德與功者，忽而動於其所喜，忽而中於其所矜，一若溢乎其量而不能渾而安焉。則雖無自敗自域之心，而已不能免自敗自域之累也。曲折赴題，渾然無迹。囘何志哉？囘竊維人世愆尤之習，中於身外之物者固多，而中於身内之理者亦不少。暗蒙上節轉入，節拍天然。儒者克治之功，於身外之物袪其吝，尤貴於身内之理去其私。不有善乎？一日克復，善有全功；天下歸仁，善有全量。以是言善，善何有矣？而況服膺弗失之餘，偶得一端，則其爲善益僅可知也。不有勞乎？己飢己溺，勞在吾職；若無若虛，勞在吾分。以是言勞，勞何有矣？而況與物相見之下，偶效片長，則其爲勞有幾無論也。"善""勞"一頓。而奈何有自伐其善者，果其深窺乎道義之全，則一節之善，處之歉然。豈惟不伐，直無可伐也。於無可伐之中而求其伐，則此外之不足伐者正多。而奈何有自施其勞者，果其渾忘乎人我之見，則一節之勞，視爲固然。豈惟不施，直無可施也。於無可施之内而故爲施，則此外之不足施者不少。二比轉到"伐""施"。且夫人之伐施者，一由底蘊之無餘，一由操存之不固。開下二比。凡人於是物而藏之甚富，固不必僕僕焉舉以示人也。惟蓄於中者了無他物，斯飾於外者不復留餘。伐也施也，其炫乎己之所豐者，適以形其己之所歉也。夫於至歉者而炫之，不滋愧乎？凡人於是物而長爲己有，又不必汲汲焉持以示人也。惟非其心之所安而竊取之，斯乘其物之未敝而誇耀之。彼伐與施，其炫乎己之所有者，實則炫乎己之所無也。夫於本無者而炫之，不足羞乎？凌雲結撰，腕底風生，離離蔚蔚，乃在霞氣之表。必謂造物惡盈，鬼神福謙，而因以不伐施者避善勞之害，是其心猶有善勞之見存也。存一善勞之見，則居之固爲伐與施，即辭之亦爲伐與施，囘願持之以化焉。必謂不矜則莫與爭能，不伐則莫與爭功，而因以不伐施收善勞之利，是其心終有善勞之見存也。存一善勞之見，則不敢伐施者其迹，而不忘伐施者其情，囘願持之以公焉。合到"無"字，恰好作收。囘之志如此。

　　文有蓬蓬勃勃之氣，不可遏抑，是持滿而發之候。

己欲立而立人

黎文堯

　　立不獨立，仁者之心無間矣。夫人非徒立，然以己及人，立即如此，不已欲通天下而無欲哉？且人莫不欲植其生，仁者植一己之生，即有以植天下之生，此其事不必求之天下也。己有生，人亦有生，己之生欲其植，即人之生亦欲其植。惟渾忘夫人己之見，而深觀夫性命之同。則以己植人，而人無不植，即以人植人，而要無害乎己之欲植，而仁者之所植爲甚大耳。吾與子言仁，夫仁者，豈徒有是心而無其事者哉？則試先觀於立。切定"立"字，乃不涉兩句公言。立夫高天厚地之中，而忽見有顛連而無告者，則其象爲危。乃仁者不以爲人之危，而以爲己之危。凡以不欲其危而欲其安者，反之於己，此情已先自具也，則必扶之而後快也。立乎鄉曲家國之大，而見有轉徙而靡恤者，則其狀爲傾。乃仁者不以爲人之傾，而以爲己之傾。凡以不欲其傾而欲其定者，反之於己，此情莫不各足也，則必持之而後平也。置身題巔，長卿賦飄飄有凌雲氣。然則仁者不必言施言濟也，第觀於立可矣；不必言民言眾也，第觀於人已足矣。今夫人己之間，所欲無窮，而要未有不先於立而覘其慨者也。提筆留得下句。大抵羣生之耳目手足，皆足自效其生。就令天下無仁人，亦必不辛苦凋瘵，以同歸於盡。而要惟經畫區處之各當，天下遂咸欣托命之有人。補此一筆，中邊俱徹。大抵仁人之厚薄親疎，亦祇自循其分。就令天下不盡立，豈悉能携持保抱，以聿觀厥成。而要惟形骸隔膜之胥捐，一念遂足宏怙冒於在宥。針對"博眾"，眼光如炬。夫亦己欲立而立人焉已。且夫立亦正不拘多少耳。中天下而定四海之民，曷嘗非仁者之隱願？然其事未可預期，則井田學校，不必自我手致也。立在天下，而老安少懷，非於人之量有加；立在一家，而仰事俯畜，非於己之量有歉。仁者見有己，即見有人。以欲普天下之欲，欲之所以無私也，則立不獨立也。按切"人"字，絲絲入扣。然而欲亦非虛懸無薄耳。盡己性以立萬民之命，固屬仁者所優為。而或責不容少貸，則飲食教誨，亦必菢躬所有事也。可以立之於己者，為人一如其為己，而不敢居功；不可以立之於己者，任己不如其任人，而不必蒙咎。仁者忘乎人，亦忘乎己。以欲通天下之欲，欲之所以大同也，則立必俱立也。至于達，亦猶是已矣。

　　其氣盛，其詞醇，翻水而成，非枝枝節節者所能夢見。

恭而無禮則勞

沈國貞

　　恭不可以無禮，觀於勞而益見矣。夫恭固不欲至於勞也，乃無禮以行其間，則其弊已至於此。且吾人與人相接，貴乎敬不貴乎肆也。而敬苟未協其宜，無怪肆之相安於逸。何者？肆非以存心，而蕩檢踰閑，手足獲優游之樂；敬不能中度，則過中失正，進退無整暇之容。於以知晉接之間，毋不及亦毋可太過焉。扣題警策。今夫愿而恭者德之行也，恭而安者聖之度也，果何以敬而無失哉？夫亦準之以禮而已。禮達人情，能稱情以洽乎情，斯雍容行其揖遜，而晉接有度，亦循軌無愆。故謙尊必本履和，而後動容悉中。禮辨名分，能安分以止乎分，斯卑牧著其攝謙，而酬酢方殷，亦從容不迫，故退讓必由撙節，而後意象胥恬。"禮"字一頓，"情"分兩義，分籠"和""節"。則安有所謂勞也，而如其無禮，何哉？先王知觴酒豆肉之地不可無以導其和也，於是制爲禮而示之以文，乃尊敬不根於至性，而文者轉不勝其質焉。蓋恭者形，而所以恭者神，神爲形役，神以強而難安矣；恭者迹，而所以恭者心，心爲迹拘，心以躁而不静矣。接物常擾其懷，處身弗安其宅，勞之至也。"和"承提比"情"字。先王知委曲繁重之端不可無以中其節也，於是立爲禮而束之使斂，乃揖讓不出以自然，而斂者轉不得其舒焉。蓋恭發於外，禮存於中，不以中制外，斯無所主而精力俱疲矣；恭極其繁，禮惟其簡，不以簡馭繁，斯有所分而神明就困矣。寸衷既淆其宰，百體莫適所從，勞之甚也。"節"承提比"分"字。今夫恭之無禮，有於不及見其勞者，有於太過見其勞者。不及是不和，太過是無節。於不及見其勞者，意苟至是而未伸，而徒守其樸誠，則耳目官骸，舉爲之不適；情或至是而未盡，而第效其悃款，則聲音笑貌，愈覺其不堪。容止所形，適成其煩苦之具矣。而周旋折旋之頃，旁觀者方共笑其勞，而彼不知也，則何如本禮以爲體信達順之資也哉？於太過見其勞者，謂志不可滿，而強而抑之，則傴僂罄折，方寸內每多徬徨；謂傲不可長，而矯而制之，則屈節卑躬，名教中何有樂地？委蛇以赴，反失其恬淡之天矣。而進旅（進）［退］旅之餘，當局者即自悔其勞，而已無及也，則何如守禮以爲巽順謙卑之節也哉？然而禮之不可無也，非特此矣。

　　披文相質，玉節金和，通篇股法，兩義相衡，尤見先民矩矱。

大哉堯之爲君也！巍巍乎！
惟天爲大，惟堯則之。
蕩蕩乎！民無能名焉

羅家勤

帝德同天，以無名而益見其大焉。夫大莫能名者，唯天爲然也。堯德之大能則之，民無能名天，又安能名堯哉？且德之可以意量窺者，非其至者也。惟天普美利于不言，而資始資生，未嘗仰閶闔而進穆清之頌；惟帝樹峻德于無極，而不知不識，亦未聞瞻雲日而揚文思之休。蓋首出者既合撰於乾元，身受者自相忘於帝力，遂令穆然於中天之獨盛也矣。陽開陰闔，冠冕稱題。大哉，其堯之爲君乎！夫堯之爲君，固奉天以治民者也。提起兩截，舉重若輕。學者多稱五帝，而《尚書》獨載堯以來，蓋前有千古，至堯而始開其統也。所以衣裳未耕，上世亦有經綸，而立天極以代天工，惟陶唐獨稽諸古。策書備載三王，而祖述必以堯爲斷，蓋後有萬年，得堯而已定其宗也。所以《湯誓》《武成》，異代不無締造，而奉天命以居天位，惟放勳獨集其成。安頓首句，體格開張。巍巍乎不見其高而無上乎？穆處深宮，廣運直與天運相準，固不第定時成歲，高語崇效之規。蓋天運至教，而二氣五行，於穆不已其命；亦聖人至德，而允恭克讓，宥密不息其誠也。禹曰成天，稷曰配天，猶未足擬其同流之盛已。抑不見其大而無外乎？光被四表，皇極直與太極相符，并不待紝縵星雲，侈言奉若之迹。蓋天以無爲之體，鼓萬物而無憂，而海隅同受其丕冒；亦聖以有覺之靈，首庶物而作覩，而黎庶賴其生成也。聰明曰天亶，智勇曰天錫，尚未足肖其同運之神已。發揮“則天”，大言炎炎。唯天爲大，唯堯則之，斯又何如其蕩蕩乎？試觀之民。及一日，不及百年，其德不遠。堯之巍巍，直涵濡於百年後矣。天之大非百年所能盡，則天者其大亦非百年所能盡。民無百年之民，而何能取其涵濡於百年以後者而名之乎？蓋即此七十載之憂勤，已覺心得而喻之，及宣之於口，遂相安於日用飲食之質也。遠何如也？民無能名分際，實能言其所以，不徒以敷衍見長。及一隅，不及四海，其德不廣。堯之巍巍，直洋溢乎四海外矣。天之大非四海所能窮，則天者其大亦非四海所能窮。民爲四海之民，而何能取其洋溢乎四海以外者而名之乎？且即此十二州之休養，已覺身可以受之，及發之於言，遂相忘乎化日光天之内也。廣何如也？跟定"則天"，迴顧"大"字，方不打作兩橛。民無能名焉，堯之蕩蕩，一堯之巍巍而已。大哉堯之爲君也！

　　鋪張對天之宏休，揚厲無前之偉績。具此鴻裁，可以紀登封而鏤玉牒。

毋意、毋必、毋固、毋我

何迺廣

　　一私不擾，聖心純矣。蓋意、必、固、我，皆私也，夫子盡毋之，何其心之純哉？昔記者欲擬聖心之無欲而不得也，以常人之所有者微觀之；欲擬聖心之至純而莫可繪也，以常人之所難毋者反證之。蓋常人之徇欲者，數端交集；而聖心之絕欲者，一私不留。試即其所無者一一指之，而聖心之無欲見，而聖心之至純亦見。子所絕之四，絕常人之所有，即見聖心之所毋也。四者維何？曰：意、必、固、我。卸落"毋"字，泠然而善。意主於迎，必主於決，固主於執，我主於偏。四者相因，常人盡墮其中而莫知所返。意爲之億，必爲之期，固爲之拘，我爲之戀。四者交逐，常人合受其累而不知所終。

有意、必以擾于事前，復有固、我以縈于事後，是始終皆無安境也。有意而必、固、我連而生，有我而意、必、固環而集，是牽引更無已時也。夫子一天，天無滯機，而聖安得有滯境？夫子因時，時無成迹，而聖安得有成心？故未嘗無先覺，而不可謂之意也；未嘗無定見，而不可謂之必也；未嘗無定守，而不可謂之固也；未嘗無自反，而不可謂之我也。則以爲異于意、必、固、我也有然。非有心于毋意，而自毋意也；非預期於毋必，而自毋必也；非有意於毋固，而自毋固也；非目見爲毋我，而自毋我也。則以爲毋意、毋必、毋固、毋我也有然。層層披剝，推展盡致。蓋子之意、必、固、我，淡然忘之也，即子之毋意、毋必、毋固、毋我，亦淡然忘之也。聖人殆不自知也。抑學者之禁此意、必、固、我，逆而制之也；聖人之毋此意、必、固、我，順而致之也。記者乃爲神會也。水銀潑地，無孔不入。聖人所絕之四如此，此聖學之精也，聖德之化也，聖道之神也，而實聖心之純也。何思何慮，時止時行，不從此可悟歟？

　　題理不容思議，文境亦不落思議。

子曰：苗而不秀者有矣夫，秀而不實者有矣夫。子曰：後生可畏，焉知來者之不如今也？四十、五十而無聞焉，斯亦不足畏也已

郭桂辛

　　質美不足恃，爲學當及時也。夫不秀不實，此苗之不當有而有者也。彼恃其後生而不學者，不終於失所畏乎？且物與人本異理也，物之成與學之成，本異致也。然物與學之成不成，不定於既成

之日，而定於未成之先。彼以物爲無不成者，吾恐不成正非刻以相待也；以學爲有待而成者，吾恐不成即立見於當前也。兩章融成一片，妙不費力。昔夫子嘗借觀夫苗矣，且嘗致警夫後生矣。苗之所恃，無不秀，無不實也。後生所恃，今可畏，來可知也。還他兩章，眉目甚細。豈知天下恒恃其質之至美，而不知無可恃者，即在於至美之中；天下恒恃其時之未定，而不知不足恃者，即在於未定之際。總提一筆，若網在綱。是故凡物當有生之始，即當計乎有生之終，而不可使人靜按焉而量其收成之無自；凡人當足重之日，即當計乎足輕之日，而不可使人一望焉而決其造詣之無成。先挈兩章大意。然而苗不懼也，謂其不秀不實無有也；然而後生不懼也，謂其可畏足畏者如常也。夫誠不足懼，則苗終不變其爲苗，而後生亦長爲後生矣。嗚呼！其真無可懼耶？抑非無可懼耶？點各上半截題面。嘉種誕降，天所以愛苗，而苗轉無以自愛。謂秀與實本其分内，而不秀不實非所論於降才獨厚之苗也。當境方自信于前，而旁觀已共危於後。積學有待，人所以重後生，而後生反無以自重。謂不足畏祇在他時，而來不如今非所論於歲月方剛之後生也。當局自覺其甚閒，而旁觀正覺其甚迫。中間停頓，恰爲上下截轉掞，機杼天然。至是，而不秀者，竟有之矣，苗亦自知之矣。至是，而真無所聞，無可畏矣，後生亦自知之矣。然而知之則已晚矣。點各下半截題面。蓋物之與人，皆有以自立。舍其自立，而僥倖以求成，至不成則並不得爲苗，並不得爲後生也。爲苗宜早知其敝矣，後生宜豫惕其危矣。成物與成學，皆在于始基。忽于始基，而事後始悔無成，雖悔無成，而苗已失其爲苗，後生已失其爲後生也。苗而知其敝，庶不蹈其敝矣；後生而知其危，庶不即於危矣。二比總收。況事有重於苗者乎？人有不長爲後生者乎？嗚呼！胡不懼乎？

融會大意，領取虛神，一氣清超，正無貴金剛努目。

47

秀

姚國元

別秀於不秀，若爲秀者勉也。夫秀已大異於不秀矣，然豈徒秀而已乎？故夫子更爲秀者勉之。且自論秀之典不行，一二俊秀之士，無所裁成，無論不秀者無望其秀也，即秀者亦止於秀焉耳。乃觀秀於秀中，而秀若可幸；觀秀於不秀後，而秀又若可危。且觀秀於秀中，而秀即無可危；而觀秀於秀後，而秀終無可恃。舉而按之，覺人之秀見也，即物之秀亦見。從正意説入，典雅絶倫。試由苗而不秀而進論之。筆如轉圜。使不秀而終於不秀，則不秀終無競秀之期。不能裕其原於秀之先，何必奢其願於秀之外也？則不秀者將何如期望而有此秀？使不秀而漸至於秀，則不秀豈無秀發之日？惟能於苗之中而奮其功，庶能於秀之内而奢其望也。而不秀者已幾經養息而有是秀。照定下文，恰好截清本位。是則秀也，顧不重哉。大凡物之生也，機之淺者難滋，機之深者易發。機之淺者不可負其機，機之深者尤不可負其機也。而由苗而驗乎秀，則秀之機較苗之機爲已深。抑凡物之長也，時之暫者難爲力，時之久者易爲功。時之暫者不可虛擲其時，時之久者尤不可虛擲其時也。而由秀而溯乎苗，則秀之時較苗之時爲已久。緊承“苗”字，卸落“秀”字，熨帖入細。吾於是甚幸其秀，吾於是轉危此秀。幸則幸乎不秀中而已成其秀也。已成其秀，即已不等於不秀。而以不秀視秀，既疑秀爲莫及之程；以秀視不秀，又薄不秀爲自棄之故。一時之樂乎此秀者，羣以爲有此秀而不秀之謗可消，亦有此秀而不秀之機胥可轉矣。則吾之所甚幸者在此秀。危則危乎不秀中而僅成其秀也。僅成其秀，實無大異於不秀。而由不秀而區別乎秀，秀之事既相反而形；由不秀而

引伸乎秀，秀之事祇遞按而及。一時之慨乎此秀者，羣以爲有此秀
而無超於不秀之權，亦有此秀而實儕乎不秀之列也。則吾之所甚
危者又在此秀。二比一開一合，恰完得一"秀"字分際。追觀不實，秀究何
殊於不秀哉？物其小焉者也。

　　筆致清嬌，意象韶秀。

仍舊貫，如之何？何必
改作？子曰：夫人不言

關鶯飛

　　規改作以言，原不欲以言見也。夫長府，可仍而不可改者也。
夫人之言及此，夫人豈本欲以言見者哉？且吾儒之議論，恆與國家
之制作相維，而國典苟能恪守其常，則吾儒原非好議其變。自來君
相紛更多事，而舉朝附和隨聲，有心人始不得不爲別白焉、婉諷焉。
不知者幾疑其言之喋喋，而豈知其人固息之深深也。起筆挺拔。如
魯有長府，由來舊矣。日者欲亟亟焉改而爲之，其爲不當爲之故。
魯之君臣不言也，即魯之士庶亦不言也，且非獨不言而已尤以爲恢
宏祖制，煥式新猷，將在斯舉。於是臆決唱聲，萬口附和，并爲一
談，牢不可破。清出題界，手法渾成。設有持激烈而爭之者，必相切戒
曰：子慎毋多言，以撓軍國大計也。噫！是直以長府之爲，爲斷不
可言耳，而豈其然也哉？今夫天下事有可以不言者，有不可以不言
者。即以下截作開，機圓局緊。於可以不言者而不言，則世固無訾乎其
不言；於不可以不言者而不言，則世每共惜乎其不言。設令閔子當
日者，知仍舊之不可不言也，而故緘默而不言；知改作之不可不言
也，而故隱忍而不言。致令我夫子蒿目時艱，傷心世故，亦有所不
言而不得也。不謂閔子不敢不言也，而又不忍直言也。曰：仍舊

貫，如之何？何必改作？斯言也，約爲民請命之旨，而入耳不煩；本因事納忠之誠，而感人不覺。此豈可與不言者同日語哉？拍合上截，隨起下截，官正神行。雖然，使第以此概閔子之生平，則無以知閔子，而閔子之所以足重者亦不見。今閔子既不與不言者同日語矣，浸假今日如是，昔日又復如是，則人必從而議之曰：夫夫也，向非慎密不出者也。又必從而輕之曰：夫夫也，向非持重不言者也。審若是，又何足爲夫人貴？不知夫子之重夫人者，非重其無言也，實重其不言；亦非重其不言也，實重其平日之不輕言、不苟言。且并欲使魯人咸知夫人平日之不輕言、不苟言，夫然後閔子之不言，可以關不言者之口而奪之氣。還下截，飛花滾雪，氣盛言宜。不然，閔子且津津然言仍舊貫矣，言何必改作矣。而夫子必鄭重夫夫人不言者，何哉？

　　握"不言"作線，貫穿全題，豪不費力。文之飛行絶迹如乘風破浪，真有不可得泊之勢。

然則師愈與？子曰：過猶不及

黃子璣

　　以過爲愈，按諸道而與不及同失也。夫過若有所愈，而究未得乎中也，按之以道，非與不及等乎？且道本範圍而不可過，是過不足以形人之短也，而病即在乎兼人之長。一矢中的。謬舉其長，適形其短，則以道有本量。如乎其量者全至也，歉乎其量者未至也，溢乎其量者偏至也。有所偏至，即有所未至，均無與於全至，何所區乎長短也？落落方家。今夫學之有所依歸者在道，道之無所偏倚者惟中。師何以過？過乎中也。商何以不及？不及乎中也。有賢者於此，去其性之所暱，補偏救弊，務規於損益變化以正其趨；挽其道之所流，高明沈潛，同歸於正直蕩平以端其軌。求以自勝足矣，違問勝人哉？何子貢以師爲愈者？探原立論,勢如高屋建瓴。以爲入道存乎識,過則可與探頤,不及則無以研精,軒輊之形,固堪對鏡;任道存乎力,過則可爲其難,不及則狃於其易,優劣之分,可與相衡。不知道無取乎見小也,不安於見小,而窮大者每易失居;道不域於淺近也,求去乎淺近,而騖廣者轉多泄邇。天則有自然之準,何所損復何所加？謂狹隘無以極高明,蕩佚之襟期,曾不獲精義入神,而心理並形其扞格,則度量何以相越也？聖功有調劑之宜,無可先並無可後。謂拘謹無以肩重遠,浮游之詣力,終莫能推行盡利,而踐履均病其空疏,則等量可與齊觀也。聖道聖學,只有一中提起,爲"猶"字探根窟窟。過猶不及也。出乎道之外而有餘,與入乎道之中而不足,進與退若各異其程,不知律以道而有餘,實律以道而不足。蓋人不及我,我不及道。不及道,則人所未及知之境,即我所未及知之境,不得謂過之外,別有所不及,而遽欲分乎優絀也。俯而就猶仰而歧,吾道所以尚中行。赴一道而軼乎其前,與赴一道而瞠乎其後,疾與除若顯殊其局,不知範以道而使勿前,終約以道而引諸後。蓋我即過人,我已過道。過乎道,則我當損過以求及乎道之時,即人有未及而當求及乎道之時,不得謂過之中固遠勝不及,而竟欲判乎低昂也。克以柔猶克以剛,吾儒當有以變氣質。實勘"猶"字,語無躲閃。夫無過無不及,道固要於中也。賜苟知所處,不又愈於偏至與未至者,而日進於賢哉。

　　針對端木氏,只有"過猶不及"一層,無"不及猶過"一層,理解既超,筆亦透紙。

柴也愚，參也魯，師也辟，由也喭。
子曰：回也其庶乎

許瑤光

性偏者宜勵學，學邃者能近道矣。夫道無人不宜近者也，而性之偏如愚、魯、辟、喭者，則非勵學不能近，子故舉回以相勉乎。且吾人從事於學，固貴有以化乎質之偏，尤貴有以造乎道之極。顧使質之偏而變化無自，終難底純粹之脩；道之極而深造無由，終未獲攀躋之路。惟始焉範其偏至之性，繼焉要諸極至之程，而其學懋，其質醇，其於道必不遠。筆力圓健。不然，聖門弟子，姿力明健，行詣粹美，固莫如顏回。擊定通篇線索。外此子羔質美，子輿誠篤，子張才高，子路勇敢，又孰非各有取材，彬彬焉副希賢之選者？顧語其後則皆勉乎學，而以道為程，而論其初則各得其偏，而於道尚遠。曾亦思道也，固無人不當近者哉。清出"庶乎"一層，理圓法密。乃觀於柴，柴也賦姿誠昧，昧則未明，制行尤拘，拘則未化，其於道烏能近？乃觀於參，參也稟質既遲，遲與敏異，呈姿復鈍，鈍與靈殊，其於道奚即近？更觀於師與由，師也習於容止，飾外者未誠中；由也負厥剛方，尚勇者未知義，其於道又曷由近？分點上四段，俱能不脫"庶乎"，手法最緊。使於此而加之鼓勵，則陶情淑性，雖偏端之稟受，何難補其缺而返於純？使於此而不善化裁，則質囿習拘，縱大道為依歸，安必去其偏而祛其累。蓋道也者，固無人不當近者也。而求聖門如愚者、魯者、辟者、喭者，不一其人。與吾道大適，不俟變化，自成粹詣者卒鮮，何哉？夫子所以顧顏氏而獨深嘉其庶也。轉落題尾，開合動蕩，天然渾成。姿非極於至明，則識失之愚。識近於魯，識涉於辟與喭，於道無望能明矣。回也明甚，明則見道真，而心與道為據依，道即與心爲訢合，蓋循循乎不離其宗焉。力非存乎至健，則無以破愚，無以去魯，無以化辟與喭，於道無復能行耳。回也健甚，健則守道專，而心與道爲率循，道總與心爲渾化，蓋幾幾乎克臻其至焉。帶定上截，洗發下截極細。夫是以其志道也篤，其任道也堅，其審道也精，其由道也易。語有分寸。無愚、魯、辟、喭之累，深仁、義、禮、智之全，固非柴、師、由輩所能驟幾，亦非參未傳道之初所能遽及。而謂之屢中之賜，又烏能等而論之也哉？迴顧上截，恰落下文，神乎其技。噫！此顏子所與，以與聖人未達一閒也與？

通篇握"近道"鑄題，眼明手辣，精心結撰，健筆獨扛。

柴也愚，參也魯，師也辟，由也喭。
子曰：回也其庶乎

周鶴嶹

指諸賢之偏，因慨望夫中行焉。夫愚、魯、辟、喭，皆質之偏也。中行有間，夫子能無深望於諸賢哉？且聖道以中行爲至，而囿於質者失之，狃於習者亦失之。起筆已定一篇之局。顧失之而昧所裁，氣質尚粗，究何與粹精之詣？亦失之而善所變，功修遞進，自克爲中正之歸。故欲鼓羣賢於大道之中，必標一賢以爲至道之的，而學人之品詣分焉，聖人之權衡見焉。筆力遒勁。昔聖人欲得一中行之士而與之，而庶幾乎道者卒鮮。惟是四科首回，一貫傳參，此外若柴、若師、若由諸賢，概乎未有聞焉。線牽在手。日者夫子遍呼而告之也，何居？總挈二比，精神團結。大抵聖人之樂育，非俯而就，即仰而企，要各期於至道，其事必非一格所能拘。而吾儒之氣稟，非近高明，即近沈潛，要皆期於有成，所學各視其人以爲異。誰不可幾於道者乎？誰則庶幾乎道者乎？子曰：是各宜自知其弊。蓋賦畀莫由自主，能爲愿而不能爲通，能爲篤而不能爲敏，能爲文而不能爲實，能爲剛而不能爲和。雖造物亦限於化工之不全，以待受質者之自爲補救，此若愚、若魯、若辟、若喭之所以未底中庸也。然轉徙實有其權，知其蒙而明以察幾，知其拙而健以致決，知其浮而實以約禮，知其野而廣以博文。在學士自貴於陶冶多方，以爲施教者深其付託，此柴也、參也、師也、由也之所以共期至道也。合寫上截，力能扛鼎。誠各知其弊而矯之，何獨回也以庶乎見稱哉？且夫學人之規模趨向，各視乎質之所近，雖師友不能強之使同。唯得一中乎道者以立其程，使修爲有所依據。將謹厚者化其拘曲，則近乎道之篤實；高朗者袪其浮僞，則近乎道之精誠。其程功雖有難易之分，而造極究無參差之迹。是回之於道，雖已達之甚微，在諸賢各顯其才能，究無阻於齊驅並駕也，而何弗勉勉也？還"回也"一截，妙能與上截一片融成。且夫儒者之品地脩能，又隨其量之所呈，即學問不能迫之遽及。雖舉一中乎道者以懸之的，使奉行得所依歸。將近乎道之明強，愚柔者庶知所奮；近乎道之文節，俗靡者庶知所懲。其成詣有高下之殊，而致力即有淺深之別，在諸賢之於道，未嘗不可幾及。而回漸臻於純粹，已不啻其奔軼絶塵也，而能勿懸懸也。回也其庶乎！若柴、參、師、由者，均矯其偏而進於中行可矣。

　　　以大賢爲經，以四賢爲緯，精心結撰，實力發揮，語必透宗，墨無旁瀋。

不踐迹，亦不入於室

　　　　　　　　　　　　　　　　　許瑶光

　　質全而學虧，所以僅爲善人也。夫不踐迹，質之全也；不入室，學之虧也。合而觀之，善人之道，不可見哉？且自質與學不容偏廢也，而人之要歸可合焉；亦自質與學常若相參也，而人之取徑先分焉。乃不謂質處其純，取徑早殊於庸眾，而學任其缺，要歸終異於聖賢。則天雖弗靳以殊姿，而人適自靳其進取已。<small>體會"亦"字，全神而入，筆極渾雅。</small>知此可以論善人之道。今夫善人有所以爲善人者，善人亦有所以止於善人者。使不即所以爲善人者而論，無以見善人；使不即所以止於善人者而論，亦無以見善人；使不合所以爲善人與所以止於善人者而論，雖足以見善人，究不足以盡善人。<small>凌空翻跃"亦"字，夭矯不群。</small>今如執人而謂之曰：古人之成法，猶芳躅焉；先民之程式，猶至軌焉。<small>起得不平。</small>爾其躡履以追之，而其人亦曰：吾非力追焉，知難絕迹而赴也。是踐迹者也，中人也，非善人所以爲善人也。又如執人而謂之曰：曩哲之真源，猶奧窔焉；前賢之妙蘊，猶閬閎焉。爾其循堂以造之，而其人亦曰：吾惟深造焉，乃能爾室優游也。是入室者也，聖人也，非善人所以止於善人也。<small>"迹"字、"室"字，字字細貼，刊落膚浮。</small>何也？蓋善人所以爲善人者，不踐迹也；善人所以止於善人者，不入室也。然則第言其不踐迹，可以盡善人乎？曰：否。天下固有不踐迹而不止善人者。範圍不必受，而豁然已達淵微；繩尺不必拘，而卓然已窮神化。<small>空中騰擲"亦"字，極盤馬彎弓之勢。</small>則但曰不踐迹，安知不疑與生知類也，而奚以別善人？抑第言其不入室，可以盡善人乎？曰：否。天下容有不入室而并非善人者。道岸弗誕登，祇緣拘牽於文義；宫墻徒外望，總由過泥於詞章。則但曰不入室，安知不疑與俗儒等也，而奚以定善人？而吾乃得合勘之方焉。人即賦質英奇，詎宜不師乎前事？人即操修刻苦，尚宜直究乎精深。胡自有善人，而率循不事者，亦居稽不事也。是可嘉者在不借徑而趨，而可惜者亦在不緣階而進，而與爲合勘，乃覺善人之特處一途。而吾又得互形之説焉。人苟本聰明爲私淑，則優入無難；人苟望聖域以云遥，則踐修必力。胡自有善人，而得之以逸者，亦失之以逸也。是可喜者在準繩之弗囿，而可勵者亦在美富之宜窺，而與爲互形，殊覺善人之中區一格。到此二比，乃實寫"亦"字，真是滿紙煙雲。不踐迹亦不入於室，此善人之所以爲善人，善人所以止於善人。

一眼覷定"亦"字，層層披剝，筆筆騰挪，如庖丁解牛，奏刀砉然。

不踐迹，亦不入於室

馮 杰

質與學不容誣，而善人論定矣。夫踐迹者非善人，入室者亦非善人也，子故爲子張兩衡之。且人有不待兩相衡而見者，非兩相衡而始見也；即有必待兩相衡而見者，惟兩相衡而愈見也。蓋衡以質則已高於庸衆，衡以學則尚遠於聖賢。將舉其質之美者而并没之，其人之真不見；抑舉其學之拙者而濫予之，其人之真又不見已。開口便從一"亦"字批導而入。子問善人之道乎。今夫善之成法爲迹，善之止境爲室。己未善而效他人之善，亦步亦趨之謂踐；己既善而極全量之善，愈造愈深之謂入。先將"迹""室""踐""入"四實字點清，好爲"亦"字出刀。夫踐迹者，閉門造車，出門合轍，何嘗不善？而學而後善，不遽以善人目之矣。入室者，歷户知庭，登堂知奥，何莫非善？而止於至善，不終以善人域之矣。實發"踐迹""不入室"，跌起"亦"字。然則善人之道，當何如哉？其生初本有作聖之基，顧必欲其循聖人之途，守聖人之轍，是則是效以補過，善人不若是之勞；其生後非無希聖之路，顧驟期其探聖人之奥，抉聖人之精，有始有卒於崇朝，善人不若是之逸。二比拍合，"亦"字正位。則以爲不踐迹，亦不入於室云爾。志昏者不知踐，善人則明甚；氣懦者不能踐，善人則强甚。其不踐者，非敢棄古人，乃動合古人也。使内美重以脩能，何難研極而循漸入之幾，勤苦而獲深入之樂。然而道若限之矣，有獨運之神明，無相師之學術，然後知至精至微，不能無所挾以造之也。反攻"亦"字，有背指菊花之妙。異端不可與人道，善人同在道中；俗流不得其入門，善人忍擯門外。其不入者，非自外修途，乃未歷修途也。使内顧自慚學問，何難實踐乎美大之地，以優入乎聖神之功。然而道且待之矣，得天者有獨豐，盡人者有不逮，然後知一優一絀，不能無所別而白之也。實發"亦"字，熨帖甚平。蓋大道雖無盡藏，迹至明而室至幽。明則其理易曉，憑虛而天悟自生；幽則其堅難鑽，課實而真力未滿。故歷兩途而爲之反覆者，無損真自無溢美也。斯不留其量以相靳矣，亦不逾其量以相譽矣。吾學曷有窮期，迹若近而室若遠。近則聰明可恃，不必問道於已經；遠則探索維艱，必待升堂以漸進。故竭兩端而爲之衡量者，論當時非論究竟也。將淺嘗焉而止於半矣，亦深造焉而底於全矣。推論"亦"字，意無不盡。是不踐迹，所以得爲善人，亦不入室，所以僅爲善人也。

題之圓相在一"亦"字，文前路翻跌，中後寫照，俱游刃於虛極，得無厚入有閒之妙。

不踐迹，亦不入於室

關鷺飛

合質與學以論善人，適成其爲善人而已。夫質莫美於善人，而惜乎其未學也。不踐迹亦不入室，所以適成爲善人也與？且志仁無惡之謂善，善也者，以善始而不以善止者也。知其能以善始，則斯人之得於天獨厚；知其能不以善止，則斯人之成於人有功。知其可以善始，斷不可以善止，則天人交進之修，電電焉自有所不容已。自非然者，雖不得謂非可欲之品也，要適成其爲可欲之品已矣。盡力翻一"亦"字,筆如滾雪飛花。師問善人之道乎。夫善人固生而善,而非學而善者也。"善人"一頓,"亦"字不擊自動。無所慕而自爲善,與有所造而不僅爲善,善雖同,而進乎善之境不同矣。世有循理之勞,不若任理之逸,卒之任理之逸,遠不逮循理之勞者。爭進止不爭勞逸也,則善人之逸而未勞可思也。爲善而不必相師,與爲善而并能相化,善不殊,而充乎善之量有殊矣。世有盡性之難,不若見性之易,卒之見性之易,究大遠盡性之難者。分勤怠不分難易也,則善人之易而仍難可想也。空中跌宕,"亦"字早已和盤托出。夫古人之行往矣,其迹猶存;抑古人之詣邈矣,其室猶在。閉門而造,出門而合,則踐迹之謂也。既登其堂,復履其奧,則入室之謂也。吾不知善人於此,先踐迹耶?後入室耶?必踐迹而因以入室耶?否則不踐迹而亦可以入室耶?而善人皆不爾也。不踐迹亦不入於室,善人之爲善人,如此而已。到此方點出"亦"字,備極曲折。吾於是爲善人惜。其知可以無所不到,而孰知竟有不到?其行可以無所不盡,而孰知竟有不盡?夫天下惟不自安者,精深可相待耳。而如其不踐而亦不入也。不踐固天分之優,不入則人功之絀,甚且與虛爲構,憑其聰明所獨造,或反開異端寂滅之門。聖道之湮也,大率高明者階之厲焉,豈不重可惜哉?補此一層,"亦"字言外微旨,見得大有關係,洵爲他人屐齒不到。吾於是爲善人勉。其知雖有所不到,而知之到也自超;其行雖有所不盡,而行之盡也自易。夫天下惟質駁雜者,策勵或無從耳。如其界於不踐亦不入也。不踐則無待乎踐,不入則豈終不入?況夫賦稟獨清,竭其才力之所充,何難造仁義粹精之域、中行之選也,大抵懿美者易爲幾焉。子庶幾旦暮遇之哉!勘進一層,力透"亦"字(指)[紙]背。

彈丸脱手,成竹在胸,後二比旨密慮周,有功於世教不淺。

由也問聞斯行諸,子曰:有父兄在;
求也問聞斯行諸,子曰:聞斯行之

劉時脩

問同而答異,賢者兩存其說焉。夫聞貴於行,似已。乃子之答由者,竟異乎答求也,而能不兩存其說歟?意以為理不容以一端竟,而言不可以一說拘。吾夫子教化之神,固難一一强求其合矣。若乃理有定衡,而言多殊指,局中者各守其說以為的,而亦趨亦步,彼此不必相蒙也;局外者互舉其說以參觀,而或異或同,前後不妨縷述也。以本問答作開,述問答作合,早定一篇之局。今使謂聞必速行也,誠不敢知;謂聞不可遽行也,仍不敢知;謂聞有時而速行,有時而不可遽行也,尤不敢知。庶幾哉得吾夫子之論聞行者,可以專力於一途哉!空中總挈一筆,線索在手。以下四比,一問一答,裁對不易之法。而適也有問於夫子者也。人當心力並用之時,緩之既恐其多疎,急之又虞其太鋭。緩與急不能自主,而且前且却之態,有交迫於欲行未行之餘者。此中之甘苦,吾黨蓋有同情也。故問之者有由而又有求也。而幸也夫子悉有以詔之也。學當先後互殊之際,彼既聞言而洞悉,此復索解而未遑。彼與此各不相謀,而一言一事之微,有屢言於一問再問之後者。此中之曲折,吾夫子必有定見也。故答之者在由而又在求也。使由問之後,不復有求,幾以稟命為固然;使求問之先,未嘗有由,幾以力行為勇往。蓋非相形而見異,夫且適然忘之,乃自有詔求之說,而廻思曩日之詔由者,又別有說也。則雖誥訓非出於一時,而不妨連類而及。使對求者不異夫由,則後論祇申夫前說;使對由者不異夫求,則觸類併可以旁通。蓋非立論之各歧,夫且習而安之,乃既有告由之言,而忽聞後日之告求者,又別有言也。

則雖議論祇因夫一事，而正堪分類而觀。上二比就問答本面着筆，此二比就述其問答一面着筆，亦不易之法。蓋子於由之問聞斯行諸也，未嘗預計所以答求者何如，而但曰有父兄在；子於求之問聞斯行諸也，未嘗迴憶所以答由者何如，而但曰聞斯行之。亦蓋備聞其說，而不能無惑焉。

拈此題有四病：兩問兩答，平平敘去，一似複衍上文，一也；推原所以問同答異之故，使進之退之直成剩語，且與下文"惑"字觸背，二也；貪發所以覆述之故，致侵下句"惑"字，三也；拘守題面，依樣胡盧，自謂界限逼清，而題神不出，文境太平，四也。文照定下文"惑"字，逆入本題，經營慘淡，心細手和，覺乾隆甲寅江南元墨不能專美於前。

攻其惡，無攻人之惡

吳象流

惡有專攻，不在人而在己也。夫惡爲其惡，於人何與？奈何舍己而攻人也。君子曰：是不知攻所當攻。從來自縱其惡之人，其外皆能嫉惡者也。夫惟外爲嫉惡，故自縱其惡而人不知，并自縱其惡而己亦不知。非不自嫉其惡也，當其初自嫉其惡，而因以嫉人之惡，迨其後嫉人之惡，而遂忘自嫉其惡。背攻而入。彼固謂其拒惡不少寬也，其絕惡不少假也，而己之惡日益堅，而己之惡終無可破。君子曰：是非不知惡之當攻也，是不知攻人之惡，終無補於攻其惡也。且夫己之惡，豈得以人之惡例哉？噴薄而出。惡在人我本無與，惡在己我豈無與？於無與者與之，而於當與者反不與之，恐人不以我爲功，我亦不能於人見功，而無謂之周旋，祇增其謬戾。惡在人我尚克知，惡在己我豈不知？於難知者知之，而於自知者反若不知之，恐我欲以人分咎，人終不爲我任咎，而無方之迴護，祇益其愆尤。以"其惡""人惡"兩兩對勘，"攻"與"無攻"，不煩言解。則惟專攻其惡焉，可乎？惡當摧其鋒，攻之以大力；惡當弭其隙，攻之以小心。無所假於人，並無所恃於己，凜凜乎惡未攻而求其止，惡已攻而仍慮其復起也。而力何時可懈，而心何時可分？則惟無攻人之惡焉，可乎？攻之機宜密，施諸人則疏；攻之勢宜全，析諸人則散。倒置焉不可，兼營焉亦不能，兢兢乎不攻人而一其志，不攻人而猶慮間其神也。而機不失於旁撓，而勢乃成於專注。兩比分點。然則謂我攻人，人亦將攻我，是猶欲以不攻者圖恕也。自攻不暇，何暇攻人？就令人不轉攻，而分一念於人，即不能專一念於己，而初非存一人於意中也。此理惟己無可逃，此身詎人所可貸，而躬常自厚，豈以薄責爲遠怨之方？然則謂先攻己，後乃可攻人，是猶欲以所攻者爲借端也。攻己猶難，攻人豈易？就令人果有惡，而惡在人，人猶可自主；惡在己，己孰可代謀？而初非置斯人於度外也。此心非爲人而起，此事當爲己而圖，而慊有必求，豈以無瑕爲摘人之計？實發"攻"與"無攻"，不留餘力。如攻器然，惟一故精；如攻敵然，惟專故克。欲脩慝者審諸。

互勘兩邊，實併歸一路，不持寸鐵，正鋒銳莫當。

攻其惡，無攻人之惡

胡文泰

專於攻惡者，不以攻人而分其心力也。夫惡爲己惡，非專以攻之不能也，則欲攻其惡己耳，何暇攻人哉？一擊中肯。且吾黨自治之法，與治人之法，絕非有可兩涉者存也。兩涉其途，必不能一其心而專其力。自夫人嚴以待人，而寬以待己。故自治之數，恒不敵夫治人之數，而己所受累之處，亦倍於人所受累之處。則所以自治者，斷非一其心專其力不爲功。試由崇德而進言修慝。收亦堅卓。夫德之崇也以漸，故逸獲不如勞獲之多；慝之修也以嚴，故分治不如專治之密。整暇。吾所大患，爲吾有身，有身因以有惡。一身有萬惡，不能分吾身以禦之則身窮，故不如借助，然而借助不能也，又不如專己。吾所大患，爲吾有心。有心是以有惡，一心有萬惡，不能分吾心以敵之則心潰，故不如乞援，然而乞援不得也，又不如專拒。"身""心"兩義，勘取"其惡"，刻骨見髓。是惡之當攻，而攻無與於人者也，以惡爲其惡也。惡之藏也巧於伏，百伏而不及一搜焉，恆情不其搜。然即既搜矣，自治者尚恐物蔽之交，多不及覺，則雖不乏師友之指摘，常不若其内念之精嚴。惡之險也善於據，百據而不及一挫焉，恒情不其挫也。然即既挫矣，自治者猶恐天人之戰，並無中立，而斷不以旁及之有餘，反致形其中權之不足。實從"惡"字勘取"攻"字，"無攻"意不待辭畢。至是而攻其惡者，無暇攻人之惡矣；無攻人之惡者，愈以專攻其惡矣。均是攻也，一其心以攻己，而所向無前；二其心以攻人，而所向靡定。夫兩軍對壘之秋，亦視乎其所向耳。出而向外，必不能入而向内，真覺兩不相顧之餘，具有親臨之大敵，而欲少分其所向焉不能矣。則攻人之惡，不特無其事，而直無其心。均是攻也，專其力以攻己，而其勢正強；分其力以攻人，而其勢已弱。夫殺敵致果之場，要在乎其得勢耳，勢急於彼，勢必至反緩乎此。況當兩不相下之際，縱有兼人之至勇，而求其勢無不支焉不得矣。則無攻人之惡，不獨急其攻，正以併其力。"攻"與"無攻"，兩兩互勘，力穿七札。是蓋（白）〔自〕求免攻，仍多可攻。苟爲人計，幾微或存寬假之安，即已授畔援以相撓之柄。惟并不見人惡，祇見己惡，獨自爲謀，一息不懈誅鋤之志，決難讓他人以戰勝之功。收束亦嚴謹。慝之修也，非以此歟？

按切"攻"字,早已刊落一切,去惡膚言,下句打併上句,力爭上游,尤見眼明手辣。

子貢問友 二章

曾貫忠

友不可輕,處友與取友均當善焉。蓋忠告善道,不可即止,處友一何善也。至於取友,可勿善乎?曾子之言,是可觀耳。且人立五倫之中而有友,友之賴有我也,一如我之賴有友。友賴我而無以善處之,是黷友也;我賴友而無以善取之,是薄友也。黷友者疏,薄友者慢,而友道於是乎窮。君子曰:此不善故也。不善則無以處友,而情既僞,詞又激,是愈疏;不善並無以取友,而學不講,德不脩,是愈慢也。然則論友者,亦求其善焉而已矣。入題犀利。善何在?在善告。告不忠,非善也,徒恃忠,亦非善。故有婉將其忠者,而善在進勸;有曲保其忠者,而善在求全。此交之一道也。昔者子因子貢之問發之。筆致聳拔。善何在?在善會。友不會,無以爲善也,友徒會,亦不足爲善。故有以文相招者,而善在擴見聞;即有以仁相勵者,而善在養德性。此交之又一道也。昔者曾子嘗爲君子言之。點句清晰,句法亦老。若此者,守夫子之說,天下有畏友;守曾子之說,天下多益友。而有畏友,天下乃有益友;亦有益友,天下乃知畏友。開下四句,壁壘一新。慨自情貌疏而友誼薄,情貌親而友誼亦薄,則友不足畏耳。畏友則相睨以誠焉,而又非徑遂矢之也。人以直,我以曲;人以亟,我以緩。即至言難遽入,猶委折以全吾心焉。如是者謂之畏友。交游狹而友道敗,交游廣而友道益敗,則友不獲益耳。益友則相親以道焉,而初非泛鶩接之也。聲氣易雜,澤以詩書;心性難純,期以涵養。則雖片時偶聚,必磨礪以底於成焉。如是者謂之益友。曲折赴題。如是畏友見，而天下之益友見。後世應求道衰，溺於世情，虛憍者不慎其始；拘於古誼，激切者難保其終。蓋惟不以至厚者全吾友，故道不足與明也，德不足與進也，雖侈言結納無爲也。得子之説存之，而後知惟天下之畏友，能爲天下之益友。且益友見，而天下之畏友亦見。後世標榜成風，友不以廣見聞，而以侈聲勢；友不以陶質性，而以啓輕浮。蓋惟不以至厚者期其友，故情易詐也，詞易亢也，雖凶終隙末無嫌也。得曾子之説存之，而後知惟天下之益友，無慚天下之畏友。收清兩章，眉目甚細。不然，是烏足以稱善哉？

人畫竹枝肥擁腫，蕭畫竹枝筆筆聳。

善人教民七年，亦可以即戎矣

關鸞飛

教民者計日以程功，善氣之所涵深也。夫善人教民，原非爲即戎計，而教至七年，則莫非善氣之所涵矣。雖以即戎，亦胡不可？且昔春秋時，輒殘民以逞矣。否則矜言服民，樂言用民，而教民之道，曾不加意焉。夫子憂之，爰慨然曰：今天下安所得善人乎？安所得善人教民有年乎？今夫善人者，祇以善教民，而民亦將以善報焉耳。入題老當不支。探原於陰隲，則教以性之善；協中於懿好，則教以情之善。性情洽也，血氣柔之矣。善與善感而善融，問誰修意修文，綜禮義爲干戈甲冑？愛惜其筋力，則教之善在身；保護其婦子，則教之善在家。身家裕也，性命通焉矣。善與善融而善化，所以引恬引養，固眾志爲鐵石金湯。“教民”一頓，妙能籠起“即戎”，不落空郭。然則善人之教民也，曷嘗爲即戎計耶？抑何必不爲即戎計耶？今且觀之七年。夫人情於勞苦患難之事，原不能少加咻噢，而驟致其情，惟久於其道而與爲涵濡，厚生者有年，正德者有年。在望治方延領爲勞，而善人則深自拊循，而不敢輕言震動也，有悉心以教而猶虞未盡爾。洗發"七年"，一片深情，動人心脾。抑人情於感激圖報之私，必不能稍被恩膏，而即呈其效，惟需乎其時以與爲淪浹，謀衣食者年凡幾，興禮讓者年凡幾。在小民亦鬱抑欲試，而善人則彌深保養，而不忍藉以尋仇也，有俟以經年而猶加軫恤爾。妙用縮筆，全爲"亦可"加倍寫照。如是而不即戎，民猶是民也，教猶是教也；如是而以即戎，民則善民也，教則善教也。以言即戎，不亦可哉？至德覃敷非一日矣。馬牛車甲，咸備於蒐苗獮狩之中。而節制素明，積儲素裕，復有以聯其志而繫其心，此尚虞可安樂不可患難乎？幸而國家無事，度相與蹈德詠仁耳。而不然者，則亦應敵而無弗摧，攻堅而無弗破也，而何疑乎善氣之激昂也哉？有往必收，無垂不縮，大得嘉魚三昧。俟志丕應匪朝夕矣。獷悍梗頑，盡化於干戚弦歌之內。而仁義漸著，詩禮漸敦，更有以養其材而勵其氣，此尚慮其愛室家不愛君上乎？向當侮亂未生，庶相與稱觴介壽耳。而不然者，則亦赴義而咏《小戎》，敵愾而歌同澤也，而何疑乎善心之鼓舞也哉？此吾所以決其效於七年，而不敢苟且以從事也。善人乎，子曰望之。

體貼"善人"，曲曲描寫，亦可神理，含縣邈於尺素，吐滂沛乎寸心。

善人教民七年，亦可以即戎矣

羅家勤

於即戎著善教之效，尚文治也。夫善人教民，非爲即戎計，然約以七年，雖即戎亦可矣，謂非武功必本於文治哉？嘗思皇古無兵書,而田疇多敵愾之旅;後人矜將畧,而疆場少節制之師。幾疑訓練之説爲無據矣。抑知誨以韜鈐之畧,不如迪以天性之良;統以將帥之權,不如感以慈惠之德。得其人以任之,寬其期以待之,誠非迂疎而寡效矣。一起有驪驥開道、鷹隼出塵之概。蓋自人心有孝弟之真,無以導之則愨;斯民有忠義之氣,無以振之則頹。如是則教尚焉。今夫教,固統常變安危而計之者也。提起"教"字,全題在握。有可以靖百族之心思,而後可以用其心思。自後世志在富强,遂不免迫期乎淺效。究之能强其心思於處常之日,不能强其心思於處變之時,以是知導之者無其具也。跌起"善"字。有可以範一世之才力,而後可以策其才力。自末世意存小補,遂不免責報於近功。究之能强其才力於安全之秋,不能强其才力於危疑之頃,以是知振之者非其人也。跌起"善人"。然則其必善人教民乎?其必善人教民七年乎?教民必先聯其情,蒐苗獮狩,即先王聯情之具也。善人體此意以爲訓迪。吾見七年内,軍實文章之辨,貴賤等威之明,有不惟用其材而并能用其意者。蓋至獵豜豵而續武,農即嘉師;對芹藻以獻囚,士皆勁卒。樂愷之至,忠厚生焉,君子知其有自來矣。針對"即戎",發揮"善教",神不外散。教民又當復其性,詩書禮樂,又先王復性之事也。善人本此意以爲陶成。吾見七年中,車甲射御之嫻,羽籥干戈之舞,有不惟得其力而并得其心者。蓋至負末橫經,在板屋者稱君子;敦《詩》説《禮》,作干城者盡腹心。果敢之氣,性情見焉。識者知其非無故矣,亦可以即戎矣。夫然,而寓兵於農之制可以復。慨自軍籍之壞,一變而寄於内政,再變而募於民間,始雖强,終必亂耳。誠得善教以挽之,而有勇知方,在修文不在講武,殺敵致果,何一非伍兩卒旅之成規也。不居然服教百年,畏神百年也哉?兩義洗發"可"字,包括"亦"字之神亦出。夫然,而陰符韜畧之書可以删。慨自戰陣之多,言陰陽讖緯者一家,言縱橫技擊者一家,貪奇功,多奇禍耳。誠得善教以正之,而偕作同仇,圖萬全不圖一試,持原握要,又何事連鄉軌里之私智也？夫豈等十年生聚，十年教訓也哉？映帶"七年"，自不可少。子曰望之。

　　先從"教民"打通"即戎""亦可"，神理自和盤托出，意超筆卓，自當橫掃千人。

卷三

克伐怨欲不行焉

趙　烜

易行者不行，强制之功也。夫克伐怨欲，人之所易行也。乃使之不行焉，其强制之功，不已力乎？且私之累也，亦累於其心耳，則欲制心者必先制私。惟於私而爲之審其端，指其數，嚴其防，舉凡紛然各出者，皆遏之於一心。則其心雖勞，而私已不擾。筆極峭勁。私者何？則克伐怨欲是。私之決者何？則行是。今夫克伐怨欲之所以行者，其機至迅也，其勢至紛也，其事以乘隙而易起也，其故每牽引而環生也。蹴起波瀾，最爲動目。無端而克，無端而伐，無端而怨，無端而欲。抑之愈力者轉益憂其潰，袪之已去者旋又覺其來。機之所乘，真如水之溢而莫禦焉。如是則易行。克不勝克，伐不勝伐，怨不勝怨，欲不勝欲。制之於此者或見之於彼，制之於前者或見之於後。勢之所發，真如蔓之延而莫圖焉。如是則易行。先從反面説透，正面自不煩言。而且我一起其驕念，克即起而應之；我一動其矜志，伐即起而應之；我一生其貪戾，怨與欲又起而應之。幾方萌而私已中，事未至而慝又形，投間抵隙，誠有窺我於不覺者。如是則易行。而且恃己者好凌人，克而伐即隨之；持滿者必相競，伐而怨即隨之；忿恨者必貪昌，怨而欲又隨之。緣其類以相召，引其緒而不窮，沓至紛來，且有嘗我於無盡者。如是則易行。如是而能泯其幾，遏其勢，不與以隙之可乘，不使其牽而相引。而能真不行者，則有察省之功焉，持守之力焉。開下二比。今使於四者不能屏之使絕，而孰爲傲心？孰爲争心？孰爲忿心？孰爲貪心？不細爲之察，而聽其橫流，其將伊於胡底乎？不行者，本吾心之明，而萬物不憂其或蔽。私易於伏，而往而逆之；私易於暱，而迎而拒之。舉克伐怨欲之紛紜錯出，而當幾不昧，已能悉其類而無所淆。說得如許費力，"難"字已在箇中。今使於四者不能克之使無，而或恃其才力，或炫其事功，或計其報復，或多其歆羨。不急爲之持，而任其縱恣，其將何所終極乎？不行者，本吾守之固，而萬物不憂其或撓。私之途至甘，甘而制之以苦；私之閑易潰，潰而護之益堅。舉克伐怨欲之迭起叢生，而有主之防，已能勝其情而無所奪。不行如是，其可謂之仁乎？

　　前四比大開，後二比大合，理致題難得如此發皇。

克伐怨欲不行焉

姚國謀

　　歷指累心之私，若甚幸其不累焉。夫克伐怨欲，累心者也。原思歷指之，非甚幸其不行乎？且以心之易私也，不患私之累心，而患心之無以制私。扣題明快。心易躁，無以制其躁，則勝心生；心易盈，無以制其盈，則矜心生；心易鬱與餒，無以制其鬱與餒，則忿心與貪心又生。私與心爲緣，心即以私而溺，而欲有以制其私以全其心，是非有以絕其私而制其心不能。屹然收住。勝心者何？克是也；矜心者何？伐是也；忿心與貪心者何？怨與欲是也；私累心而心無以制私者何？克伐怨欲而不能不行是也。憲嘗撫躬而思之矣。克以乘人之短，伐以炫己之長，爭物每流爲傲物；怨以憤前之失，欲以期後之得，絕人每轉爲求人。即克即伐，即怨即欲，潛滋暗長，將何以消萌蘗於懷來？克伐形於所有，怨欲動於所無，忽於無者或不能淡於有；怨欲藏於中，克伐見於外，斂於外者或不能泯於中。不克伐即怨欲，不怨欲即克伐，迭起循生，將何以絕憧擾於方寸？二比洗發題首四字。若是,則安得有不行之者。克以逞其氣,不行始能靖之;伐以炫其才,不行始能斂之;怨以鬱其情,欲以汩其性,不行始能舒之、復之。私由内而生,不行則因其生於内者而制之,學者所以貴袪當躬之蔽。克而不已則爭,不行始足息之;伐而不已則肆,不行始足抑之;怨而不已則怒,欲而不已則溺,不行始足平之、振之。私由外而起,不行則因其起於外者而制之,君子所以貴絶外至之緣。二比寫"不行焉"三字。且夫中心之蔽,惟伐之一念爲最奢。苟行之而不思,則克怨欲遂出而與之爲助。伐之甚則流爲不讓,伐之極則激爲不平,伐之久則轉爲不足。矜伐之情懷,陷溺難返矣,而自不行者有以遏之於至密。遂覺伐之不著,何有於克、於怨、於欲焉?横豎説來,四通六闢。抑凡後起之私,惟欲之一境爲至雜。苟行之而不返,則克伐怨且起而與之爲緣。有所欲則氣鋭者終於剛愎,遂所欲則氣盛者終於驕矜,拂所欲則氣憤者終於忿懥。嗜欲之攻取,紛至沓來矣,而自不行者有以禁之於至微。遂覺欲之不存,何有於克、於伐、於怨焉?若是者,殆可上企純全之詣矣,願夫子一衡之於仁也。

胸有靈犀,筆亦勁駿,珠光劍氣,必當騰上。

仁者必有勇

關正亨

論勇於仁者,若有可必者焉。夫天下未有不仁而可言勇者,若仁者則無慮是矣,子所爲以有勇必之乎。且千古之大勇,皆千古之仁人爲之。未有克治居天下之先,而果敢反居天下之後者也。起得明快。夫私累除則精神自奮,理直氣壯,古今之事業基焉。而浩然正氣之常伸,遂充塞乎天地之間而無所歉。則試與天下言仁者。

剛方其本性而自反,常縮物累,不得褻其天。故毅然戰勝於理欲之交,而憧擾胥捐者其志定。果毅其本懷,而以理宅心,血氣不得持其柄。故藐然中處於天地之內,而堅貞自守者其神凝。所謂仁者也,以云有勇,非仁者其孰能必之?"仁者"一頓,筆氣直截。理與氣之相輔而行也,理不直則氣不充矣。仁者勝以理,理盈而氣與之俱盈;仁者赴以理,理慊而氣與之俱慊。以一身任天下之事而理無所虧,即以一身任天下之事而氣無所餒也。而不移者其操,不屈者其節。心與力之載以俱出也,心不精則力不果矣。仁者心配乎道,道立而力自強;仁者心集乎義,義精而力自固。爲人之所不敢爲者而心無所疑,并爲人之所不能爲者而力更無所怯也。而皇然者其念,勃然者其神。實從"仁者"勘出"勇"字,如劃沙印泥。不回於利者勇愈強,不怵於害者勇愈大,不奪於時者勇愈壯,不撓於勢者勇愈充。勇者仁之施,故事無險夷,要必有沛然莫禦之機,以維持於其際。所以慨然自任,而吾黨於以有真性情;確然自持,而儒生於以有真氣節。不以難易阻其勇,不以常變易其勇,不以始終改其勇,不以生死渝其勇。仁者勇之體,故境無順逆,要必有一往無前之氣,以鼓舞於其中。所以可静可動,而天下之喜事者狂;能屈能伸,而天下之畏事者葸。發揮"有勇",筆極斬截。彼世之徒負其勇者,安能與仁者同日語哉!

　　語必透宗,摛詞無懦。

文之以禮樂,亦可以爲成人矣

沈國貞

　　合禮樂以觀所養,可以得成人之實矣。蓋禮樂者,先王之所以成人才也。進四子而文之,不卓然爲成人哉?且天下惟渾乎才之迹,斯不必居乎才之名,而才之交集於吾躬者,莫不燦然而觀其備。

蓋庸眾之患在無才，而英賢之患在多才。非多才之果足患也，才而不以德濟之，則多才之累，等於無才。而其才之所造就者，終不克調劑焉以臻於至善。智廉勇藝，皆四子之各成其才也。然由之所問爲成人者，豈特此哉？是不可無以文之矣。昔先王之以成均造士也，追琢其章，金玉其相，知增美釋回，非文之無以極於純粹。故合眾材以幾其化，而膠庠徵樂育，所以輔相裁成者大而周。古君子之以成立望人也，束脩其躬，圭潔其行，知博觀約取，非文之無以發其英華。故萃眾美以觀其通，而德性極陶鎔，所以範圍曲成者醇而備。針對下截“今之成人”。是爲成人者，固貴合智廉勇藝而有以文之也。夫文之豈外禮樂哉？今夫舍中正和平之理，而自炫材華，則録人之長者，轉形己之短。而外無以嚴律度，內無以淑性情，斯升降周旋，已失一身之範。而本莊敬和樂之心，以資其潤澤，則取助於物者，亦獲益於躬。而大之道貫乎帝王，精之理通乎天地，斯光輝充實，即爲三代之英。中作蜂腰，開闔養局，極中流容與之致。是不可謂之爲成人乎？成必統智廉勇藝，而使之粹以精焉。粹精合化，洗發“成人”，是縣裏針。夫以造詣多端，使薄善微長，必欲拘於一是，斯亦識見未廣耳。惟於其所雜者導之以純，而主減主盈，互神其用；無聲無體，隱會於心。覺人之得其粗者，我將統乎其精矣。於以見古聖人所爲興學立校者，原恃此中正無邪、論倫無患之旨以優而游之也。豈不彬乎德成而上哉？成必渾智廉勇藝，而使之合而化焉。夫以功修罔間，即旁搜遠紹，無難詡爲通方，然亦迹象未融耳。惟於其至繁者歸之以約，而中和之教，本於性情；易簡之能，通夫履蹈。語經百鍊，簡峭絶倫。覺向之得其分者，今且得其合矣。於以見古君子所爲制外養中者，不越此三百三千、六德六語之用以神而明之也。豈不斐然大成之望哉？針對“今之成人”，恰與提比相應。而非所論於今之成人矣。

肉而有骨，清而能腴，張鶯青錢，萬選萬中。

子問公叔文子於公明賈曰：信乎夫子不言、不笑、不取乎？公明賈對曰：以告者過也

何紹基

覈衛臣以存信，而告者誠過矣。夫不言、不笑、不取，子非不知告者之非信也，賈明其過，其或可以得文子與？且事之不近情者，不必即爲矯情干譽之人也。而譽之不近情者，原不問而知其過於不情。夫惟準乎情以覈之，則眾好必察，在平情者祇欲得其可信之情，而眾論失真，即徇情者亦難諱其過美之情也已。扣題恰好，筆意渾成。昔《春秋》有孔子，人情中人也。爲一己立言色取舍之中，而徵信之心毋過矯；爲天下忘是非毀譽之迹，而過情之論無可欺。蓋天下之不能忘情於言笑取與也久矣。子問一頓，提起全神，起得不測。今試執一人而告之曰：爾其不言、不笑、不取。則其人必色然怒，怒則怒夫以不情之事相強，本有也必遁之於虛，恐天下無此人羣之木石。又試執一人而告之曰：爾信不言、不笑、不取。則其人必皇然謝，謝則謝夫以不情之事相推，本順也而必出之以矯，恐吾黨亦無此世外之周旋。對亦變換。異哉！告者乃以不言、不笑、不取之文子，而藉藉於吾子耳也。信乎？告者之不誣乎？塊然之質，文子幾無用於天下，天下亦幾無用於文子，其流極將不僅爲文子憂。信乎？告者之有說乎？矯枉之稱，何所惡而沒文子於吾心，亦何所愛而騰文子於眾口，其嗜怪又不能不爲文子辨。安頓上截，雅步從容。此子所爲不能已於公明賈也。而賈則曰：甚哉！子之愛我夫子也！亦甚哉！告者之不知所以愛我夫子也。點次安詳。本以爲人情之至，遂不覺

於人世中所必無之事而亦加之，而猶恐其不盡於口；且以爲天理之極，又不覺即天地間所未必有之理而亦歸之，而不知其無當於心。<small>出比安頓"告者"，對比安頓"過也"，情思裊裊，一往而深。</small>此則輿情之不自遏也。拂於心則有餘憎，順於心則有餘喜。躁妄貪鄙之風遍於目，而忽有矯之而得其性之所安，則相與快之，快之而溢美之稱，伊於胡底矣，過矣！<small>實發下截，沈着透紙。</small>亦言語之難爲狀也。耳目之奇行，可以口傳；心性之冲和，只堪意領。詭譎矯激之習艷於世，而忽有淡焉者求其故而不得，則相與訝之，訝之而驚怪之論，無所終極矣。過矣！雖然，以文子爲不言、不笑、不取，固不問而知其不可信矣。而賈顧謂時言樂笑義取，遂足信乎哉？告者過，辨告者亦過也。

前半紆徐爲妍，中後清新刻露，撲去俗塵，奚啻三斗。

抑亦先覺者，是賢乎

梁國琡

覺在幾先，人盡失其覺矣。蓋覺非逆憶之謂，先覺亦非不逆億之謂也。先覺而得之不逆不億，夫是之謂賢。今夫人心明與非明之故，恆相冒也，而不容冒也。以聰明逞者，矜心作意，而已窒其源；與神明居者，心凝形釋，而莫逃其照。處羣蒙之中，而以獨智開，亦即以獨智渾。其不容冒者，究不相冒也。<small>遒鍊。</small>逆詐億不信，凡以求其覺也。吾心本湛然耳，逆億者無故而動於機心，已樊然自淪於罔覺；吾心本洞然耳，逆億者師心而乖乎順應，更懵然坐昧於幾先。審若是，則不逆不億，即所以爲真覺乎哉？而不然也。<small>友面剔出"先覺"二字，好爲"抑亦"取勢。</small>人必其朗鑑之不淆，而後厚貌深情，不得乘吾眩而思售。徒曰不逆耳，不億耳，將涇渭莫分，即此爲詐不信之尤，而豈云通識？人必其洞燭之不爽，而後深謀祕計，有以窮其本而盡變。徒曰不逆已耳，不億已耳，恐渾同莫剖，反與於逆億之甚，而何貴冥情？反跌"抑亦"，頰上添毫。有先覺者，未嘗與人殊耳目，而聰明所到，偏於人所不及覺之地，而灼於其幾。蓋彼之試其詐不信者以猝感，而茲之灼其詐不信者初非以猝應，而猝亦暇也。此不獨其耳目有與人殊者也。亦祇與人共心思，而睿知所周，更於人所迫欲覺之會，而廉之特早。縱彼之肆其詐不信者，或不必以迫來，而茲之廉其詐不信者正不必不以迫往，則迫愈恬也。此不獨其心思不與人共者也。超心冶鍊，吐納自深。精其心於神明淵默之中，而一情之所不蔽，究一情之所不萌。巧偽者疇匿其形，機深者孰潛其影？日在聞見之中，而聞見不與，是固有超乎逆億之先者，要必俟端倪呈露之候，始信見微知著者之底蘊匪淺耳。澄其天於情偽錯雜之交，而羣情之所莫遁，實羣情之所不驚。夷猶者莫測其端，淵穆者曷窮其際？迴出思議之外，而思議胥融，是更有裕於不逆不億之先者，特不於機緘大啟之餘，終不悟覘指知歸者之窺尋有自耳。筆筆卓立。是其覺也，非以逆億而不覺，要非以逆億而始覺也，可不謂賢乎？而先覺深遠矣。

　　前半體貼"抑亦"神吻，脫口如生；後半洗發"是賢"，精融雅渾。

子曰驥

梁崑

　　物有異於眾者，即驥可例觀也。夫人莫不知其為驥，人亦孰能知其所以為驥者？借觀於驥，論者豈徒奉以名哉？且士君子馳驅終老，久辱泥塗，未嘗不嘆其伏櫪堪悲，曾不得稍展其驥足也。蓋高自位置，在人者非徒異其名；而迴絕凡庸，在物者當進求其實。

非然者，吾甚惜夫超羣絕類之姿，盡掩諸眾人之耳目爲可慨也。一起慷當以慨。今夫人必自待者重，然後人之待之者不輕。夫子見夫懷奇抱異之流，實之不存，毛將焉附也？不禁慨然曰：吾茲有感於驥矣。從"子曰"二字高唱而入。在天成象，房駟則上應天閑。故迅疾呈材，名留屈產，驥之賦質獨優。夫豈徒以聲價自高，誇駃耳驊騮之選？行地無疆，牡馬亦下符地類。故調良殊類，品重周官，驥之篤生不偶。又豈僅以聲華自炫，恃權奇俶儻之長？溯源天地，爲驥長價。若是驥固不世出之才也，而但以今日而論驥，果何如者？豈無六種六閑，騁鸞軡於千里？驥苟一逢伯樂，定空冀北之羣。然世有驥而人不知爲驥，而驥隱；世有驥而人徒知其爲驥，而驥亦不彰。何也？蓋始不以驥視驥，則驥固不幸；繼必以非驥爲驥，而驥尤不幸也。牝牡驪黃之外，何不可作驥觀也？豈無齊毛齊足，市駿骨於千金？驥苟一脫駑駘，定展崑墟之足。然知其爲驥，而不以驥許之，驥尚不失其真；知其爲驥，而槩以驥目之，驥轉失乎其實。何也？蓋不以驥待驥，真驥者不改其爲驥；槩以驥待驥，似驥者且妄附爲驥也。風塵物色之中，何不可以驥例也？二比照下，德力方殊皮相。夫然，而自命爲驥者，宜早計矣。當其蹀足騰驤，誰識雄奇於羈紲？驥之不能自表其技，未嘗不深湮沒之悲，而無容悲也。有識者而驥之名固彰，無識者而驥之異仍在也。則其顧盼自雄，豈爭勝於爲提、爲晉、爲馳之末。夫然，而欲用夫驥者，別有取矣。當其離羣立異，誰邀珍賞於奔踶？人之不能嘉美其材，未嘗不致沈淪之惜，而無容惜也。重驥者或奉以休聲，知驥者豈漫加以美譽也。則其英姿傑出，必超軼乎八尺、六尺、四尺之羣。二比照下"稱"字，藻不妄抒。而不知力與德皆驥之所自有也。世之稱之者，當審其輕重而可哉！

全神注定下文，俯而噴，仰而鳴，聲達於天，若出金石。

知及之，仁不能守之，雖得之，必失之。知及之，仁能守之，不莊以涖之，則民不敬。知及之

黄以宏

知有全功，則知可遞驗矣。夫言知於仁守與民敬之後，則其知固未可没矣，夫子故核其全功，而遞驗之與？且自達德以知爲先，則即再三言知，而知有進境者，亦知無止境矣。握定首尾，妙手空空。惟知有進境，故歷數境而不以一知畢其量；惟知無止境，故歷數境而仍以一知肇其端。雖程功者或遺其致知之始，而核全功者當重念其致知之始也。何則？境有其所已及，必有其所未及；而有其所未及，尤不可忘其所已及。夫所已及者知也，所未及者非知也。有其所未及而終不可忘其所已及者，亦無非此知也。則試即知之所及而先言之。揲一“及”字，運實於虛，靈氣往來紙上。恃其知之明，而無以貞其操於己，明於理或蔽於欲，要以無餘力者有餘識，而經權常變，豈猶審察之未真？貞其知之操，而無以肅其施於民，密於心稍疎於外，則以擴其行者豁其靈，而治術經猷，豈尚神明之未裕？二比分還上兩段，妙拈“知”字，消納中間，堆垛盡化烟雲。且夫由知而推之則有仁，仁之不得，知之失也；由仁而施之則有敬，民之不敬，己之不莊也。是其所未及者，非所守之仁，即涖民之莊也，而非知也，知則所已及者也。使於此而仍責以知，必將曰：吾之知已擴而充之，無俟更爲加勉矣。而豈知有其所已及，必有其所未及。而有其所未及，尤不可忘其所已及也。打叠最緊。德以日進而深，深則必有中阻者。夫中阻者，不足以言，知及無論矣。就此知至至之，而所守於己，與所敬

於己者，德有遞進，而不追溯其進德之由，安知不生聰明自是之忧也？故有知而第止於知之中，則知不可遺；有知而復餘於知之外，則知益不可遺。胡弗於積功漸滿之餘，即其知而回念之。擒定"知及"，眼明手辣，帶定上兩段，心細如髮。力以日致而遠，遠則必有躐等者。夫躐等者，不可以言知及無論矣。就此知終終之，而不失仁守，與不失民敬者，功有遞加，而不推極其致功之終，其奚以見吾人得止之詣也？故所及者止有一知，其致力固在知；即所及者非徒一知，其得力未嘗不在知。能勿於融會貫通之下，就所及而三復之。始終兩義，恰好如題。知及之，此豈猶有失之者乎？此豈猶有不敬之民乎？然其功更有進。

  題難在末三字，頭重尾輕，文以"知"字爲主，腦以"及"字爲線索，故能運實於虛，而虛者皆實。

知及之，仁不能守之，雖得之，必失之。
知及之，仁能守之，不莊以涖之，
則民不敬。知及之

關鸞飛

  聖人精言知，進仁守而重按焉。夫知有淺深，斯仁有疏密耳。若由仁守之後以論知，則所及豈猶夫人也哉？且吾儒本學術而發爲治術，莫不謂知之非艱，行之維艱也。而吾始終尤必熟計其知，何也？蓋吾知所能到之處，未必即爲行所能到之處，而既爲行所能到，又或無以檢束其行，則其行之未盡，實由其知之未精。甚矣！知之不可不遞進而求也。一句握定首尾，橫老無敵。何則？古今之仁，無不從知而入，仁既從知而入，斯知亦從仁而出。苟既歷仁之境而

言知，則其知將按之而彌深矣；若未歷仁之境而言知，則其知驟索之而轉淺矣。*伏筆劃清題尾，手法渾然。*是非知及之患，而仁不能守之患，亦非仁不能守之患，而實不能致吾知以擇吾仁而守吾仁之患。蓋至雖得必失，人謂其仁不存，吾謂其知不確，人謂其以仁累知，吾謂其以知累仁。入德之基，固未有可稍寬其知者。*完清題首第一段。*若夫知既及之矣，且以知成仁而仁能守之矣。如是即謂其知不必進而求深乎？而不然也。自來知仁合一之君子，或狃於性之所偏，或中於心之所忽，或故爲平易而自襄其居尊，或過示周旋而深乖其作則。*消納中間一段，妙無痕迹。*此而不能莊，將所貴乎仁者之容謂何？所貴乎知及之時，研析於撫臨統馭之理者又謂何？是豈徒累吾仁哉？抑累吾知實甚耳。*歸到"知"字，迴顧題首，即以打動題尾。*則且深探夫知之所存，則且究觀夫知之所極，則且由本及末而統舉乎知之周遍而不遺，則且由大及小而進求夫知之纖微而必析。*得此一頓，跌出題尾，一落千丈。*向第識其大端已耳，乃自不能莊涖以後，其知之隱留缺憾若此焉。此非過求夫知也，吾知中原有是作恭作肅者，引神明而入於至深，苟吾知尚不及之，而其餘之抄忽者更可知矣。故知及本始基之事，而論學者必要之於其終。*縮帶深細。*向第謹持大體已耳，乃自不能作敬以還，其知之尚多未逮若此焉。此非本歉於知也，吾知中實有是可畏可象者，約心思而尋於靡盡，苟吾知誠能及之，而此外之疏畧者諒難誣矣。故知及原不竭之方，而觀治者必推之於其極。*恰好是末一個"知及"，義理融貫，不徒以手法見長。*是豈遺夫仁哉？知至而仁亦至焉耳。而抑知猶有未善者，以此論仁，而且知，難乎不難乎？

握"知及"縮兩頭，不易之法，難其津津入理，紀律波瀾，特其餘事。

知及之，仁能守之，莊以涖之

復舉知仁而遞及莊涖，德幾乎備矣。蓋有知仁而後有莊涖，則莊涖乃知仁之進境，而究非知仁之止境也。子所爲歷舉之。且論人者第觀外貌而不核其中藏，似易於求全矣。即合中外論之，而第取其已然者，反覆而推求，亦未嘗無滿志躊躇之一候。蓋事莫難於造端，既取新而不舍其故，則基已植而功易成也；境莫難於屢進，既修己而漸以及人，則願可慰而望彌殷也。恰好如題，筆力遒健。不莊以涖之，則民不敬。夫不莊以涖，非關於知之未及也，非關於仁之未守也。則使有正色率下者於此，正無煩次第相及，極其層累之故而贅述之也。然而不莊以涖，必其知及而猶未盡也，必其仁守而猶有間也。故一有視民不佻者於此，則不憚重言申明，即其本原之自而遞溯之也。先將全題憑空挈起，眉目最清。夫知果未及，何暇責仁？仁果未能守，何暇責莊？若莊以涖之，則何如者？點次分明，手眼獨得。欽不本於明，則其流也不光；恭不本於溫，則其積也不厚。而兹之所患者，不在於流之不光也，不在於積之不厚也。同此威儀，彼則可畏而可象；同兹手足，彼則容重而容恭。非知仁無此莊涖，則雖欲存其莊涖，而沒其知仁焉不得也。蓋居然知及之，仁能守之，莊以涖之也。作肅不由於作哲，則外仍未耀；厥威不生於厥愛，則中有未誠。而兹之所患者，不在於外之未耀也，不在於中之未誠也。衣冠所必正，不徒藻火而山龍；瞻視所必尊，不僅凝旒而黈纊。其莊涖實本知仁，則雖欲許其莊涖，而畧其知仁焉不可也。蓋儼然知及之，仁能守之，莊以涖之也。側重末句，却仍一滾流出，真神來之技。故由涖民者而論，密察足以有別，寬裕足以有容，中正足以有敬。方且謂恭敬無爲，可垂拱而治矣。不知古帝王之意氣精神，其直要於知及、仁守、莊涖而後者，雖歷數之而尚有餘思。由所涖之民而論，仰之則如日月，愛之則如父母，敬之則如神明。亦方且謂於變時雍，可拭目而俟矣。不知億萬姓之心思耳目，其羣注於知及、仁守、莊涖之身者，雖遞給焉而未能滿志。將題合作一句讀，最爲得手。動之不以禮，未善也。

三句合作一句，凌空倒影，化盡一切平排側注之痕，洵推合作。

蓋均無貧，和無寡，安無傾

趙　烜

申言不足患之故，一均而其效無窮矣。夫均則必和，和則必安，而其效直至於無傾矣，又何論貧寡乎？且《周官》之法，設官分職，以佐王均邦國，而中和教三物，安平爲一書，此久大之謨所由裕也。後世君弱臣强，分越而情亦離，情離而勢亦殆。善爲計者，必使秩然有分以相臨，而後上下之情以通，猜疑之勢以泯，豐財、和衆、安民，其效有必至者矣。開局典重，場屋文字不可無此潤色。以子所聞貧寡之不必患如此，子得本其所當患，以及其所不必患。而進推其故，則不惟貧寡不必患，即貧寡之甚而爲傾，亦不必患；不惟不均安當患，即不均安之中有不和，亦當患。而要此皆起於不均也。果其均也，均則一，一則公田私田之所出，自有不易之經；均則平，平則畿內畿外之所供，自有維正之則。如其分而還之，即和之機所由伏也。而承祀享其土田，行軍峙其楨幹，又何貧？夫均而無貧，則君臣相輯睦而和矣。和則合，合則笙簧酒醴，而忠愛形於豆觴；和則親，親則手足腹心，而疑貳泯於廊廟。比其情而洽之，固即安之理所由致也。而貝冑增夫烝徒，鍛礪成夫勁旅，又何寡？夫和而無寡，則上下無疑忌而安矣。安則樂，樂則登臺莫請，而臣可保其身家；安則全，全則執冰無憂，而君可保其社稷。植其勢而立之，固即均與和之效所由見也。而奠盤石於泰山，繼流風於泮水，又何傾？三比分還，字字梳櫛，筆筆聯貫，以整以暇。吾於是而歎先王封建之權爲至公也。以禮嚴天澤之辨，以情通朝野之忱，以權馭威福之柄，此豈無經濟之實者哉？蓋道莫先於大同，持之以均，則準繩誠懸，而有不可踰越之則。將見贏縮平而和順成象，輕重泯而安樂相親。治世有成謨，豈得以迂疎而病其寡效？吾於是而歎古人持盈之道爲可久也。不以攘奪利其私，不以囂凌長其傲，不以僭越違其制，此豈徒斂抑之道已哉？蓋害莫深於覆敗，持之以安，則苞桑孔固，而無憂乎匕鬯之驚。由是生齒聚而戶口日增，倉箱盈而財用不匱。綏猷有至術，豈得以富強而逞其私圖？二比總發，迴環盡致。求亦患其所當患，而不患其所不患可矣。

題緒紛糾，題情拖杳，文能易亂以整，應猝以暇，洵是文壇老手。

則修文德以來之，既來之，則安之

鄒天元

以德動遠之來，安亦德之意也。夫德而曰文，爲伐者言也。修之則來，來亦以德安之而已。且人主有震攝天下之威，而不恃威也；有風示四方之義，而不恃義也。蓋恃威則蔑禮，禮不至者不足動歸附之忱；恃義則畧仁，仁不周者不足洽來王之願。則甚矣，未至者不可無以動之，已至者不可無以綏之也。起局宏敞。遠人不服，何以使之服哉？夫服之則來之矣，然來之必有以來之者，則舍修文德何以哉？人心可静亦可動，馭之以術，萬物皆自角材能。文而本之於德，固大異乎籠絡之爲矣。言語所不能達，以心性達之；嗜欲所不能同，以道義同之；風氣所不能一，以教化一之。修於己有實心，斯來於人無攜志，而輸誠向化，遂足統千百國之獻琛賂象，而奔走來同。民氣有弱亦有强，脅之以權，百族亦漸滋驕悍。德而播之於文，固大異乎武健之風矣。控馭所不能周，以聲教周之；桀驁所不能馴，以詔告馴之；威靈所不能屈，以信義屈之。修於近除粉飾，斯來自遠悉真誠，而服教畏神，更足舉萬里之獻雉貢獒，而共球來享。二比作上截，按之沈實，揚之高華。然而有國家者，初非有意招來也，但恐未盡修也，亦惟不懈厥修也，而人乃惠然肯來也。斯時也，精誠所格，勢雖阻者輦轂如親，而況乎叩關請謁；聞望所流，途雖遥者精神如寄，而況乎望闕稱藩。中門一束，益見前後奔放。既來之矣，有國家者，於此亦仍以德安之而已。館垣壞而來之志阻，金幣索而來之念衰，遠人於我何求，胡不心腹體之，而威武臨之也？而既來則無慮此矣。且夫安，非但籠絡之也。安其身，鞭弭無煩；安其心，詐虞不事；安其國，唇齒相依。蓋至適彼樂土，如憩南國之棠；懷我好音，同溉西歸之釜。而文德之敷施，猶未艾也，則所以立夫來之準者，可勿思哉。成風請而來者須句，山木歌而來者滕薛，遠人於我何如，胡不性情恤之，而侵畧加之也？切定魯國，恰爲一篇收場。而既來則不患此矣。且夫安，非徒膜視之也。安其君，和我甥舅；安其臣，靖我邊陲；安其民，捍我牧圉。蓋至儀父朝、蕭叔朝，則笙簧可奏；黎來至，葛盧至，則筐筥相將。而文德之昭宣，猶未已也。則所以樹夫來之的者，可勿講哉。二比還下截，氣静神恬，志和音雅，妙能於題之脈絡絲絲入扣。此修德以來遠人、安遠人，即所以服遠人者也。

興高采烈，風發韻流，洵文圍中鳴鳳。

友便辟，友善柔，友便佞

唐承恩

友各染於習者，即各以其習染友焉。夫辟也，柔也，佞也，非生而已然也。爲友所染，而因爲友之者染，可勿慎哉？且性所本無而習之使熟，此蓋有與爲習熟者焉。以傲之不可長也，習爲足恭以長之；以欲之不可縱也，習爲令色以縱之；以志之不可滿也，習爲巧言以滿之。此豈有所愛於其友？乃不自愛者，方謂其愛我實甚，何也？<small>即從“便”字起，空所依傍。</small>然則友也，其與所益相反者，果何友乎？<small>領脈妙不犯手。</small>朋淫於家，父兄必懲子弟，鄙褻諔誕，不待明者而知也。惟威儀詞令，外自託端莊謙篤之爲，而内有實詭於正者，不見可畏而可狎，狎則其友深。比之匪人，長老每戒後生，游蕩譸張，不特察者難度也。惟容止言談，陰自施讒諂面諛之術，而陽若能順人心者，不見可憚而可親，親則其友固。<small>虛籠三“友”字，全神已到。</small>則有友反乎直而爲辟，反乎諒而爲柔，反乎多聞而爲佞者。人苟不與之友焉，謂我辟實未至也，柔尚未至也，佞尚未至也。則有不徒辟而必便辟，不徒柔而必善柔，不徒佞而必便佞者。人即既與之友焉，仍恐辟或不工也，柔或不工也，佞或不工也。<small>二比點題，妙不平衍。</small>蓋諧媚本於性生，手足官骸，皆以佐其惑人之具。則天良已泯，轉覺不辟、不柔、不佞，殊爲不近於人情。笑言深於閱歷，日用行習，無非講求諧俗之方。則積習相沿，咸以辟焉、柔焉、佞焉，斯稱獨嫻於交接。<small>透出三“便”字，癥結入木三分。</small>是故人深幸辟、柔、佞之爲我友也。辟者與晉接而不我苦，柔者與酬酢而不我乖，佞者與講論而不我逆。即有直、諒、多聞者，亦悉置諸度外焉矣。然而我甚危佞、柔、辟之爲人友也。辟反嗻，而彼徒以冠裳自飾；柔而立，而彼專以側媚爲工；仁不佞，而彼但以依阿相悅。雖有直、諒、多聞者，亦終無如之何焉矣。二比合到三"友"字，下文可接。世運之隆也，淫朋比德，無所容身。有便辟之才者，皆可化而爲直；有善柔之才者，皆可化而爲諒；有便佞之才者，皆可化而爲多聞。醴酒豆籩，宵小斷不與爲歡洽，是人之所共恥也。學術之衰也，好諛悅色，難免於今。有直之德者，必將見毁於便辟；有諒之德者，必將見毁於善柔；有多聞之德者，必將見毁於便佞。雞鳴風雨，優狌以廣通其應求，是子之所必辨也。二比題後唱歎，興會淋漓。不誠與三益相反哉！

通篇合發，思力鑱刻，迥不猶人。得法全在承上"直、諒、多聞"，故毫不費力。

友便辟，友善柔，友便佞

杜宅南

不可友而友，其友可歷指矣。蓋便辟非直，善柔非諒，便佞非多聞也，而奈何友所不當友乎？且締交之地，欲觀其所行，必先觀其所習。德性貴堅也，習於威儀則僞；指摘貴嚴也，習於和順則媚；見聞貴實也，習於口語則浮。善抉擇者，惟不染於所習，乃不移於所習，又安見其不宜習者反恆與之相習？甚矣，言友者之習焉不察也。然則友之與三益相反者，果何如哉？突擒"便"字，令人不測。論端始之義，則趨向必本於性情，但使色不求令，行不求諂，言不求工。斯存於身者，早去僞而著誠，而非類有所必絕。論麗澤之功，則勸懲亦兼資氣誼，但使浮文必黜，厚貌必懲，巧言必斥。接於外者，皆去華而崇實，而舉動可以無愆。三"友"字一頓，妙不落空。然而友之品彙不齊，友之者薰陶亦異。今夫周規折矩，庠序必習其文；望日瞻雲，道路亦欽其範。此亦似於辟者，而非辟也。若便辟，則嫻之素矣。粹然之貌,求之於道德皆虛;可象之儀,揆之於躬行亦僞;容止之習,真性漓焉,而奈何友之也。且便辟亦遠乎直矣。人以誠相糾,而得失之論辨必明;彼以貌相承,而功過之指陳莫及也。<small>無意不搜。</small>則飾外而非由內也。今夫測怛之仁人,寓精明於渾厚;和易之君子,濟高明以沉潛。此亦似乎柔者,而非柔也。若善柔,則媚之工矣。承顏希旨,既摘奸發伏之不爲;諂笑脅肩,復砥礪觀摩之不事。諛頌之下,天真汩焉,而奈何友之也?且善柔亦遠於諒矣。人以信相孚,而假借有所不爲者;彼以術相傾,而乞憐有所不顧也。則揶揄而非切劘也。今夫正言莊論,謇諤著於王廷;雄辨高談,折衷推爲博士。此亦似乎佞者,而非佞也。若便佞,則出之捷矣。禦人以口,質之於簡册無稽;悅世有方,按之於修爲亦泛。輯繹所形,廉恥恌焉,而奈何友之也?且便佞亦遠乎多聞矣。人以識相誘,而淵源可畢貫者;彼以詞相襲,而文獻亦無可徵也。則饜心而非切理也。<small>三比分發,字字熨切。</small>蓋便辟與色莊近,善柔與足恭近,便佞與辯言近。揭其指,早見絶於端人正士,而何以聯聲氣之應求?況便辟者不可語修身,善柔者不可語誠意,便佞者不可語致知。究其義,更自外於賢傳聖經,而何可訂芝蘭之臭味?<small>二小比作結,法亦謹嚴。</small>以此言友,吾日見其損,不見其益也。

　　窺意匠以運斤,尋聲律而定墨,自是舉業正宗。

子曰:鄉原,德之賊也。
子曰:道聽而塗説,德之棄也

蔡維璿

　　鄉原成於塗説,德賊由德棄來也。蓋既塗説而棄德之真,則必思盜德之似,而鄉原成矣。故曰:賊德由棄德來也。且千古謹厚之人，皆千古淺露之人，何也？謹厚其貌，淺露其性，既無堅德之基，因無受德之器，既無受德之器，轉思襲德之狀。終則盜似以亂真，始則泪真以盜似，故泥其迹若相左，而究其源實相成也。老鍊。謹厚者何？則鄉原是。淺露者何？塗説是。點題眉目清楚。鄉原則貌厚，貌厚則情深，情深則務爲大度，方笑塗説者一物不容；塗説則心躁，心躁則量隘，量隘則率口不諱，豈等鄉原者諱莫如深？短兵相接，語語中肯。且也鄉原斂其才，塗説炫其才；鄉原務其同，塗説表其異，術不類也。且也鄉原竊德於己，塗説損德於人；鄉原飾德以貌，塗説繪德以口，迹不類也。然而不類類也，人人苟有實德，自不屑誣德。惟平時入耳出口，於德已失其筊矣。不欲人知其失筊，因而誣德之心勝，因而誣德之計生。不盜德奚以盜名也？則鄉原固以塗説爲之媒也。然而不類孰知爲類也，人苟知愛德，必不忍戕德。惟平時務滕口説，於德已不有躬矣。不有躬而若有諸躬，浸假而戕德之術工，浸假而戕德之禍烈。不盜名胡以盜實也？則棄德固以賊德彌其隙也。兩章互勘，一棒一痕。故著其獘，則似德實非德，而真德不可復識，其害及人；輕德必喪德，而實德不能自蓄，其害及己。由己而人相延也，則患有鄉原，尤患有塗説。聲其罪，則真德不可復識，將以真德奉鄉原，其害獨深；實德不能自蓄，將以實德譽塗説，其害尚淺。由淺而深相貫也，則患在德賊，先患在德棄。定罪爰書，銖兩悉稱。然則防鄉原者，不必與鄉原爭，當於塗説爭。使非棄德以欺己，何煩賊德以欺人？至賊德以欺人，誠棄德者之幻也。然則拒鄉原者，不必拒之於已歷塗説之鄉原，當拒之於未成鄉原之塗説。惟先棄德而畏人識，勢必賊德而炫人識。至賊德而炫人識，真棄德者之狡也。石破天驚，偉論得未曾有。學者審於鄉原與道聽塗説間，則得矣。

　　兩兩對勘，前半是案，後半是斷，更無一句可移置，一章書題，安得不推爲老手？

子曰：鄉原，德之賊也。
子曰：道聽而塗説，德之棄也

岑國儀

德貴實得，無可假亦無可忘焉。夫鄉原則假乎德，道聽塗説則忘乎德。聖人辨之，知修德宜求實得耳。且有得於己者謂之德，則德貴實得，而不貴乎僞得也；德貴常得，而不貴乎暫得也。握定"德"字，一線穿成。自人以僞得爲得，而欲以冒乎德，實有以亂乎德；自人以暫得爲得，而欲以炫其德，反無以蓄其德。皆聖人所大懼也。今夫人之修德，孰不求其自得，期其獨得也哉？求自得，則以積累爲得，不以襲取爲得。深造乎仁義之域，而有以得其精；廣博於詩書之途，而有以得其趣。其得於己者，原非假託也。若是者謂之立德，而德本無所爲賊。期獨得，則以操存爲得，不以矜誇爲得。得在講習討論，取之不厭其貪；得在往行前言，藏之不嫌其吝。其得於心者，原非淺嘗也。若是者謂之積德，而德更無所爲棄。倒從"德"字勘入，雷霆精鋭，冰雪聰明。奈何有似得而實無所得者，反以自賊乎？以爲得乎忠信，而究非忠信；以爲得乎廉潔，而究非廉潔。一片唧接，篇如股句，股如句。閹然媚世，徒自戕其性真，則賊德彌甚也，而惟鄉原有然。奈何有乍得而旋失所得者，卒成自棄乎？以驟得者誇耀於人，情浮而鮮實；以驟得者表異於己，意滿而易盈。過而不留，不自深其蘊蓄，則棄德實甚也，而惟道聽塗説有然。鄉原之假託乎有得也，子嘗斥之矣；而塗説之頓喪其所得也，子又嘗警之矣。然則學者亦求其實得而已矣。假令反諧媚之習，而力求真積，則鄉原何必不企聖希賢？假令反炫耀之懷，而固以操存，則道聽何必不升堂入室？無如得其所得，均至兩無所得也。得子言以顯爲之辨，知名教

中有正學，悦世者當嚴非種之必鋤；心性内有實功，騰口者常凛服
膺之不失。旁推交通，義無不搜。以鄉原而力詆狂狷，則鼓簧斯世，賊
德者即倡棄德之風；以塗説而邀譽庸愚，則粉飾爲懷，斯棄德者漸
成賊德之習。以彼自鳴所得，卒至得非所得也。奉子言以大爲之
防，知正道所以立身，無以深心結眾人之好；淵衷貴乎有主，無以口
説博一日之名。然則學者亦求其實得而已矣。

　　章法整暇，詞旨湛深。

四時行焉，百物生焉

陸朝瑞

　　至教無隱，可即行生驗之矣。夫時使不行，物使不生，則至教
隱矣，乃何以行焉、生焉者已若此？嘗思天有顯道，厥類惟彰，使非
有行之健、生之德，以顯而彰之，道幾乎隱矣。針對不言，語無泛設。惟
即其自然而行、自然而生者以言道，道既確而可憑；即其不已於行、
不已於生者以言道，道更呈而成象。試仰觀焉，覺顯道無乎不實，
皆至教無乎不宣也。然則天果何述哉？夫亦以時與物示之而已
矣。承上不犯言字甚細。大道發見之機，藏於静必顯於動，爲時爲物，
在在著於穆之精神焉。實氣之運，悉實理之宰所默體而不遺者也，
與道爲體而已矣。大道流行之端，渾諸虛必彰諸實，隨時隨物，在
在昭无妄之化機焉。誠復之微，與誠通之妙所迭用而不窮者也，與
道爲用而已矣。"時""物"一頓。而不見夫四時行乎？四時即道，四時
行何莫非道？故時與時分，道行有候；時與時續，道行無停。春夏
秋冬，隱示乎二氣之屈伸，即顯呈乎一元之默運，道所爲錯行而並
行者已如此也。而不見夫百物生乎？百物即道，百物生何莫非道？
故物散而道統之，羣生微各給之能；物分而道合之，類生宏並育之

德。盈虛消息，人知爲不測之布濩，不知即不貳之彌綸，道所爲大生而廣生者又如此也。二比寫"時行""物生"。然則自然之理之果確而可憑也。時物未起之先，其所以行、所以生者，理尚退藏而未顯，一自行生，如或顯之矣。陰陽闔闢之交，顯於時而時不知，顯於物而物不知。而要惟此行焉、生焉者森然載之以出，而相遭於俯仰之間，則信乎非虛境也。自然而行，自然而生，亦自然而顯也，有共見其顯焉爾。抑不已之機之果呈而成象也。時物已斂之後，其不得不行、不得不生者，機將旋運而復彰，一遇時物，又悉彰之矣。絪縕化醇之妙，彰於行而人不知，彰於生而人不覺，而自有此若時、若物者遞爲嬗之以相乘，而迭示其循環之故，則信乎皆實境也。不已於行，不已於生，亦不已於彰也，是第相忘其彰焉爾。"自然""不已"兩義針對"何言"，兩"焉"字神理活現。下句"何言"可以直接。夫亦以時與物示之而已矣，天何言哉！

　　針對"何言"，不泛衍"時""物"，與譚天衍分上下床。

君子尊賢而容眾

周夢淩

　　尊在於賢，而眾亦不宜外也。夫使賢則引而近，眾則推而遠，無貴乎交矣。尊而容之，所聞已異於拒如此，以爲今使交友者，心有獨重之一二人，而遂絕棄乎千萬人。非不謂交之慎也，而交已隘矣。側注"容眾"，一發中的。蓋一二人之可交者，不患不交；而千萬人之宜交者，不必不交。不患不交者，交所宜知也；不必不交者，交者尤宜知也。試觀君子。君子處己甚高，常有不敢同於眾人之心，即有不敢異於賢人之心。究之同於賢者，亦同於眾，則以不可有眾人於吾身，非不可有眾人於吾心也。君子與人甚周，樂得賢以極交之隆，亦欲得眾以明交之廣。究之賢非濫者，眾亦非濫，其不敢等賢於眾中者，正不必絕眾於賢外也。二比"君子"一頓，側注"眾"邊。言於賢也，不惟與，而且尊。即如眾也，不必尊，亦必容。天下惟虛己能下人，亦惟虛己能受人。故庸近無奇之人，正君子所藉以自驗其心之盈虛者也。使投以賢見爲虛，投以眾見爲盈，則其不能容者未必僞，即其能尊者未必真也。誠自致於賢，一息不敢有自滿之意；而兼收於眾，亦一息不容有自滿之意。惟其虛也，君子亦常存此虛己之衷而已矣。平中寓側，手法甚緊。天下惟同人者能從人，亦惟同人者能畜人。故凡伯等夷之倫，正君子所藉以化其心之同異者也。使投以賢見爲同，投以眾見爲異，則無取其有容者，亦無貴其能尊也。誠自致於賢，一息不敢有自外之心；而兼收於眾，亦一息不容有自外之心。唯其同也，君子亦常存此同人之概而已矣。深入無淺語，幾令拒人者無可置喙。況夫方寸之內，有餘地以處豪傑，無餘地以處庸流，亦賢者所萬不出此者也。使心之專確者，與賢相循，而量之狹隘者，與賢相悖，是內外相距也。且即不距，而吾之致敬盡禮於賢者，曾不得少分其寬綽之德，以消我鄙吝之懷，則雖日以賢相崇，卒不與賢相似也。君子何在不與賢相似哉？且也能虛其善下之懷，不能擴其有容之量，又眾人之不能自克者也。使親賢不得賢之益，而拒眾反受眾之累，是與拒皆謬也。夫既皆謬，何不以我之嚴憚切磋於賢者，更廓其無我之度，以偕斯世於大道之公，將賢得以相資，眾亦得以相安矣。君子何日不與眾相安也哉？中比從"眾"字勘出，此更從"容"字勘入。而未已也。

　　題本語平意側，文能平中見側，側中見平，洵稱合作。至其發揮，所以必當尊容兼舉之故，尤爲息深達曉。講手法者，何能望其肩背。

嘉善而矜不能

唐承恩

善者少而不能多，述所聞者意在矜也。夫人安得盡善而嘉之？君子所矜於其人者，亦欲導不能而爲善耳。嘗謂有其善喪厥善，矜其能喪厥功，人即爲君子所嘉許，夫亦何容矜伐也？顧持己不可有矜伐之心，接物不可無矜恤之意，業以爲善望天下矣。而天下有所能者，稱之不啻自其口出；天下無所能者，棄之竟恝置於懷來，是豈所以與人爲善也乎？窺定作意，運斤成風。以吾所聞於君子，豈特尊賢而容眾哉？夫人有不可謂賢，而要非一無所能者，則爲善；人有不可謂賢，而並未得稱善者，則爲不能。承上卸落，字字剔清。善未有不望嘉也，不能未有不望矜也，不能之望矜，未有不切於善之望嘉也。若謂可者是與，是與善而已矣，不能豈所與哉？針對子夏，綿裏藏針。聞善斯慕，此在名教太嚴之儒，亦必嘉與於不自禁，無如善者不易聞，而不能者則常聞也。苟非至誠惻怛，常虞天下多棄材者，有夷然不屑而已。見善斯愛，此在門墻過峻之士，亦必嘉賞於不自知，無如善者不常見，而不能者則每見也。苟非慈祥悲憫，欲使天下無不肖者，有漠然相視而已。剔出"而"字，作指明劃。甚矣！善固所嘉，而不能非所矜也，君子豈若是乎？君子之心至仁，仁必足以被乎善，而并足以被乎不能，斯其仁爲獨至焉，非過情也。一門中無不可教之憤悱，百世後真有可哀之懦頑，使忍以度外忘之，善不見嘉而無所損，不能不見矜則何所賴乎？蓋自從學君子以來，想其本至仁之心，迫而形爲矜焉者，較嘉善爲倍切矣。沈摯之筆，語皆鎮紙。君子之量至寬，寬必足以及乎善，而并足以及乎不能，斯其寬爲尤至焉，非濫愛也。心思之鈍，悲其聾瞶，涕泣之情，切於父兄，惟不以無知鄙之,善即見嘉而無所益,不能得見矜則豈不勉乎?蓋自受教君子以後,想其擴至寬之量,充而著爲矜焉者,視嘉善爲更宏矣。前比長句健拔,此比短句遒鍊。然則善幸遇君子,不能尤幸遇君子也。材力聰明,人獨優而己獨絀,即無以善相夸,而自慚形穢,有愴然傷懷者矣。君子察其情而哀其志。嘉固見爲君子,矜尤見爲君子也。性情學問,彼見賞而此見憐,即無以矜相冀,而引爲己責,有愗然難安者矣。君子愛以德而竭以誠。到底不懈。夫矜則無有拒,而與嘉善同與者也。師所聞者如此。

刻露清秀,往復纏緜,有意必搜,無句不鍊。

孟氏使陽膚爲士師,問於曾子

陳梅脩

以賢士作刑官,其不忘師資足述也。夫陽膚,賢士也,使爲士師,孟氏得人矣。乃膚復問於曾子焉,其不忘師資如此。且自純良之吏不槩見,而典獄一職,類皆以深文鍛鍊者厠其間。問其平日之淵源,則淵源無自也;問其當官之諮訪,則諮訪茫然也。上有官非其人之憂,下有學無所師之患,二者交病而獄遂不可問矣。置身題上,神遊象外,得之環中。魯之有士師,由來久矣。直道不回,執法無枉。偉哉柳下,其風猶有存乎?茲何幸大夫有恤刑之心,而使陽膚繼厥職也。夫孟氏何以使陽膚爲士師哉?領起全神。其或遠鑒乎宋樂祁之有陳寅,鄭罕達之有許瑕,齊陳恆之有陳豹,狡獪者不堪勝任也,而因以正士任其司。夫宜岸宜獄,《風》《雅》每深瘝寡之憂。以孟氏政出專門,要豈乏果斷長材,供其驅策?切定"孟氏",寫"使"字一層。茲乃從秦菫戎右、豐點御驂之外,而獨以陽膚見許,不可謂非勤政恤刑之心矣。"使陽膚"一層。我觀呂侯之有命也,刑以祥名;康叔之有誥也，罰以彝斷。爲士師者，雖非於獄總其成，而要不容於獄曠其職也。"爲士師"又一層。彼擇賢選能者之望我何如，而顧可負其所使哉？所以要問，上截收筆，即下截起筆。今夫吾儒之有所藉手也，馳驅相許，上以酬知己之恩，亦授受毋忘，下以守先生之訓。中間樞紐，筋搖脈動，結構精嚴。其或遠鑒乎？鄭有刑書之鑄，齊興踊貴之謠，楚誇僕區之法，殘刻者亦已太甚也，而因欲用法酌其宜。"問"字一層。夫如琰如璠，末世徒尚政刑之猛，以陽膚讀書懷古，豈不知武健嚴酷，無當循良？兹顧於執經請業，服古入官之餘，而重向曾子請益，不可謂非敬事慎公之意矣。問於曾子一層。我觀在泮之獻囚也，執訊不詳淑問之法；五疑之有赦也，輕重難拘成例之縣。爲士師者，三尺之律自我操，即萬人之命自我定也。彼桁楊桎梏者之望我何如，而顧可肆其所爲哉？此層即以切定士師裁對。夫能爲良士，始能爲良吏。孟氏之使陽膚也，庶職可慶得人。收筆迴應上截，神迴氣合，古文神境。而能佩師箴者，乃能守官箴。陽膚之問曾子也，措施不患無本。結束通篇，與講下一段，自成章法。迨曾子以哀矜勿喜訓之，而知果大異乎深文鍛鍊之爲也。

　　兩比裁對，燕五雀六，銖兩悉稱，其秀骨天成，殆真不食人間烟火。

因民之所利而利之

林毓儁

　　以民利民，其利溥矣。夫民自有其所利，因而利之，政於是乎美，利於是乎溥。從來建廊廟之功者道在創，而普生民之利者道在因。此非諉其利於民也，利爲民所必有，以必有者副之，而君相難寬其經畫；亦非忘其利於民也，利爲民所固有，以固有者還之，而君相非別有所措施。擒"因"字,筆力排奡。化裁之際,因應存焉,而不言之美,遂以大普於天下。試言君子不費之惠。夫惠之何?則利是。利之何?則民是。古今無利外之民,實無民外之利。兩間之醞釀,而人取其精,即人運其積。默審貨泉所由發之區,而長養收藏,可以觀陰陽之聚。盛朝無不利之民,究無專利之政。取材於造化,而竭山海者私,亦矜稻脂者隘。靜念生人所託命之處,而休養生息,於以調人事之平。透出"因"字本領,議論崇宏。蓋民之自有所利也,君子亦因之而已矣。或謂察璣以齊政,君子因天非因民也。不知雲行雨施,流品物即福生靈;暑作寒收,告年豐即全日用。天之利何非民之利乎?因其時而措之,一日、二日、三日,先與後一因其期,生利而成亦利;二耦、三耦、四耦,多與少一因其宜,豐利而歉亦利。馴至優渥霑如春之澤,率育陳時夏之常,君不任功,天亦不任功也,謂民之自安其所焉爾。又謂役坤以致養,君子因地非因民也。不知井開百萬,養君子實厚野人;田取十千,美曾孫先穀士女。地之利何非民之利乎?因其勢而導之,田上、田中、田下,因九州以分九等,肥利而磽亦利;土宜、土會、土均,因五土以樹五材,高利而卑亦利。迨至服疇享先世之遺,如坻慶農夫之福,人不德君,人並不德地也,謂民之各得其所焉爾。着眼"民之所利"四字,生面別開,得未曾有。嘗觀帝世而得因之道焉。草昧初開之日,其政多出於造,究之造所宜造,造亦爲因。居處民所利也,上棟下宇利於安;飲食民所利也,鑿井耕田利於飽。事事皆民所必有,而草野相安於不識,深宮第率其無爲。更觀王朝而得因之説焉。禪繼遞更而後,其政半由於革,究之革所當革,革亦爲因。溝涂民所利也,爲助爲徹,通其變而利以興;食用民所利也,以時以禮,節其流而利愈久。——皆民所固有,而編氓相忘於熙皞,君相并泯其弛張。推論"因"字,帝王兩義亦見包括。費云乎哉!斯之謂美利,斯之謂美政。

着眼"民之所利"四字,推陳出新,一切朽腐俱化神奇,安得不詫爲能手。

因民之所利而利之

趙 烜

利民有政,亦因其自然者而已。夫民有利,民不能自利也,思以利之,亦在爲政者之善於因耳。今夫造物不言造爲大造,化工不言工爲元工,此天之所爲因物付物也。王者體天出治,萬物歸於樂育,而治本無爲,萬世荷其生成,而人不知德。夫亦曰:以美利利天下,不言所利而利大耳。知此可與論惠而不費之君子。今夫惠,非所以利吾民者哉?溯原而入,是"因"字高一層。上古草昧未開,其利多出於創。利民食而創爲耒耜,利民衣而創爲麻絲,不知創其所本無,正以還其所固有也。故鼓腹含嬉,帝力胡忘於何有?中古損益遞變,其利多出於更。學校更而教民之利在膠庠,貢法更而養民之利在助徹,不知更以取其新者,正返以得其故也。故耕田鑿井,治功不等於驩虞。二比翻出"因"字。是創也,更也,皆因也。今夫因,有本乎天時者焉,有本於地力者焉。利莫大乎天時,或作訛,或成易,其順民之生長者,君子則仰而因之焉。秉耒因乎元辰,春鳥鳴而利占繡陌;授衣因乎九月,秋蟲警而利卜篝燈。凡所謂因載陽而懿筐,因改歲而墐戶者,何莫非人君利濟之施乎?迨至利力田者歌有秋,利多黍者歌豐年,然後知利之因乎天者爲至爾。利莫大乎地力,或郊牧,或園廛,其遂民之資養者,君子則俯而因之焉。一易再易因其度,而公利興於徹田;土宜土會因其經,而大利生於物產。凡所謂因高下而宜稻宜黍,因燥濕而宜稑宜穜者,何莫非人君利施之政乎?迨至利膴膴者歌周原,利翼翼者歌商邑,然後嘆利之因乎地者爲至爾。天時地利,透發"因"字,包掃一切。且嘗讀《易》而知因之義矣。佃漁民所利也,因結繩而爲網罟;致遠民所利也,因刳剡而爲舟楫;精鑿民所利也,因斷掘而爲杵臼。推之飲食宴樂,養體者因諸需;上棟下宇,安身者因諸壯。是無政非因,即無政非利也。君子仰觀俯察,不可見因應化裁之妙哉!又嘗讀《書》而知因之義矣。桑鹽兗之利也,因織之以爲裳;廣斥青之利也,因煮之以爲鹽;篠簜揚之利也,因削之以爲矢。推之菁茅橘柚,典禮者因而告虔;浮磬孤桐,作樂者因而備器。是政之善於因,即政之善於利也。君子經世宰物,不可見因勢利導之神哉!《易》《書》兩義,推論"因"字,更無不搜。斯不以惠而不費乎?

　　"因"字自是題珠,通篇神采煥發,天骨開張,洵推當行舉業。

君子無眾寡,無小大,無敢慢

招成材

　　合眾寡、大小以觀君子,無之而不敬也。夫慢,則眾寡之勢殊,大小之形分矣。君子之無敢慢,豈復有所別乎?今夫人事至不齊也,而接以君子之心,即隨所遇皆形其惕厲,非過凜也。爽健。天下無不當敬之人,故勝己者匹夫,而傲惰胥泯;天下無不當敬之事,故克勤者小物,而戒慎恆深。持之以不息,出之以自然,斯任人事之不齊,而敬胥統貫焉,亦可想其臨馭之精神矣。吾思君子,今夫萬物盈虛之數,運以一心之用而著爲謨;庶事繁簡之宜,統以一人之權而制其命。安在可容其慢者哉?倒捏"慢"字,入題自緊。慢起於安肆之日偷,亦起於矜持之太過,難易更無二理,而獨加意於其難。將物本無歧形,吾處之不能一念而眾寡分;事本無殊勢,吾應之不能一心而大小見。吾恐君子有任其慢之心，而爲慢已甚；君子有去其慢之心，而爲慢且滋甚也。<small>爬剔上兩"無"字，全爲下一"無"字，字外出力。</small>慢生於審幾之不明，亦生於辨事之過明，敬肆豈容兩歧，而乃擇地以爲敬。將視寡猶眾，而眾寡已分軒輊之形；視小猶大，而大小未泯參差之見。則是使人得指爲慢，而慢之數固多；使人得指爲不慢，而慢之迹仍未泯也。<small>無他，惟其有不敢之見存，則猶有敢之見存者也。</small><small>跌出"敢"字，從空飛墮。</small>惟君子兢業之學問，預養於平時，而不聞亦式，不顯亦臨，早裕乎臨民制事之先，而肫然罔間。故其莊敬之神明，周乎日用，而及爾出王，及爾游衍，自無間乎度務揆幾之際，而用志不紛。<small>二小比中間頓束，節指天然。</small>其無慢也，非必拘拘焉求諒於世，而夙夜無以自寬也。惟是無荒無怠，常持以齋莊中正之思。故敬自不懈於接人，非接人而始用吾敬也；敬自不弛於處事，非處事而始生吾敬也。一人未交而凜乎馭馬，一事未接而惕以臨淵，在君子并不自知其神之謹飭也，而矜持直與俱絕矣。又非拘拘焉求合於外，而寤寐無以自得也。惟是曰且曰明，總持以震動恪恭之志。故一夫無敢狎，對近習亦如對大廷；一事無敢輕，慎起居亦如慎朝祭。以敬天者敬人，而民碞顧畏；以敬天者敬事，而屋漏皆嚴。在君子並自忘其持之儼恪也，而神明彌與相深矣。<small>實寫"無敢慢"，力能透紙。</small>此所謂雖休勿休，實無逸乃逸乎，斯不亦泰而不驕乎？

　　意能深入，筆能顯出，去得幾十重理障。

卷四

以爲賢乎

林桐芳

善揣君心者，巧於間賢也。夫平公以孟子爲賢，倉亦從而賢之，可矣。何竟以疑詞揣之也？此所謂巧於間賢者乎？聞之國人皆曰賢，然後察之，此世之論賢也。然不慮外人所共信，反爲吾君所不信，而轉慮吾人所不信，早爲吾君所深信。則信不信之間，安得不即君所甚信者，而先揣之也。不然，君所謂輕身於匹夫者。是謂其賢也，非謂其不賢也。信所獨信，即疑無可疑。苟有反其所信，而破其所疑，君必以爲慢賢也，以爲非賢而人何以賢之也？且謂爲賢也，竟以爲真賢也。疑無用疑，即信堅所信。倘有力析其疑，而議其所信，倉亦以爲詆賢也，以爲惟賢而君乃從而賢之也。_{坐實"賢"字，以下一跌便醒。}君曰賢，倉亦曰賢，此隨聲之附和則然耳。乃君實指之曰賢，則所以正人心者此賢，所以惑人心者亦此賢，卒至惑人心而非正人心者亦此賢。_{針對下文，筆意矯拔。}在君以爲賢，君非不以人言賢之，倉安敢謂人言不偶出於是也，又安敢謂人言不或飾爲是也？賢必憑於共見，君將黜共見而獨斷爲賢耶？君以爲賢，倉亦以爲賢，此昧心之唯諾則然耳。乃君確定之曰賢，則所以敦教化者此賢，所以敗教化者此賢，終至敗教化而非敦教化者亦此賢。在君以爲賢，君殆或有所見賢之，倉安敢謂所見之必未真也，又安敢謂所見之必能真也？賢必實有所據，君將何所據而漫許爲賢耶？以常境驗賢，則賢易知；以變境驗賢，則賢更易知。就其處常而賢之，不合其處變，不足以衡之也；就其處變而賢之，不溯其處常，更不足以衡之也。國有常有變，賢不能自處乎常變，豈治國能處乎常變也？君以爲處變不失常乎，處常悉符變乎，而漫曰賢乎？分照下文，此爲入虎穴取虎子手段。就昔日以論賢，而其賢難定；就今日以論賢，而其賢更難定。以其昔日而賢之，何以解於今日也；以其今日而賢之，何以解於昔日也。時有今有昔，賢不能自解其今昔，豈吾君能辨其今昔也？君以爲即今而賢其昔乎，即昔而賢其今乎，而竟曰賢乎？以爲賢乎？

針對下文落想，語無泛設，筆有餘妍。

醫　來

黄虎拜

有與使偕來者，醫亦承王之命也。夫齊雖有醫，奈孟子之托病何也？乃與使者偕來。君子曰：齊王實未知孟子疾之所在。昔孟子來客於齊，雖未得位以施良相之功，猶將藉手以奏良醫之效。故王疾在小勇，孟子以一怒安民醫之；王疾在貨色，孟子以與民同好醫之。借扣"醫"字，出以詼諧，別饒生趣。而無如王不知求醫於孟子，且或託疾以要孟子，并不知孟子之託疾以辭也，而漫遣醫以藥孟子，是豈徒未得醫之意哉？直昧乎疾之原也。使人問疾，問疾者王，而來者非王，王忘己之無疾而以爲有疾，乃不億人之非疾而真以爲疾。王固嘗以偽來而不悟哉？先落"來"字，泠然善也。然則王有腹心之疾，惟孟子能醫之。孟子以王疾爲己疾，亦惟王能醫之耳。使王惠然肯來，吾知孟子勿藥有喜矣，而王顧計不出此。"來"字頓住，極盤馬彎弓之勢。然則爲王計者，非王造盧請謁，其何以醫孟子哉？不然，而建子子之干旄，則有求賢之賢相來；命翹翹之車乘，則有禮士之大夫來。我孟子固無恙耳，即不然，而謂寡君不佞，不能得夫子心。惟是公養不敢衰，則有繼粟之廩人來，繼肉之庖人來，而不謂貿貿然來者之爲醫也。王其以孟子爲真疾乎？王之誠王之蔽也。跌出"醫"字，層波叠浪，不徒摹古見長。獨是孟子而非疾則已，孟子而果疾，又豈齊所能醫者？幼學而窮年矻矻，《詩》《書》既殫其神明；壯行而命駕匆匆，車馬復勞其筋力。亦孟子能自醫耳。再從"醫"字作翻，真滑稽之雄。王以孟子爲真疾，則胡不自來？王不以孟子爲真疾，則曷貴醫來？君子曰：齊王不來，而王之疾乃在膏肓矣。王不來而使醫來，是猶諱疾而忌醫也。奈何仲子尚權辭以對哉？

關合書旨，四照玲瓏，非徒游戲可比。

彼以其富

梁國瑗

富有專屬之晉楚者，若以富爲可恃也。夫晉楚惟自恃其富，斯以富示人耳。然亦思彼之所以者，第有富之可恃乎？且天下未有挾固有之富，而動以盈滿驕人者也。彼以爲有莫敵其富者，而以之之形遂呈；然以爲有莫敵其富者，而以之之勢已僅。夫使富之勢而果不僅也，則天下無不恃富之人，而彼之所以爲甚得矣。照定本旨説入，眼光如炬。彼晉楚之不可及者，非其富哉？雖然，亦視其所以者何如耳。其或降玉食之榮，而以快然自足者，與英賢相就正。則先天之富有權，而人事之富無權，就所以而深思之，其富遂卓然於子女玉帛之外。抑或輕萬乘之眾，而以包涵萬有者，與名世訂襟期。則前定之富可憑，即後起之富亦可憑。得所以而專屬之，其富自超然於三行二廣之先。"富"字一頓，妙能關合本旨。蓋富非不可以也，而彼特知有富而已。富亦非盡可以也，而彼惟知以其富而已。則試先設一彼以其富觀。富有見於土地者，幅員千里，山河壯帶礪之封。所以者，蓋在版圖之式廓矣。然富在土地，彼得而擅之；富不僅在土地，彼不得而擅之也。中藏之所據，祇憑賜履以爲程，而目中徒有既富之形，意外別無更富之象，則持以相抗者，惟以富逞其奇焉爾。坐實"其富"，方不落兩句通言。富有見於人民者，烟火萬家，熙暤表閭閻之象。所以者，又在蕃庶之呈形矣。然富在人民，彼得而私之；富不專在人民，彼固不得而私之也。寸念之所營，獨恃馭眾以爲量，而内焉絕少富足之致，外焉徒藉富厚之情，則舉以相衡者，惟以富顯其異焉爾。針對"吾仁"，語無鈍置。且夫富之徵於一時者，其有形者也。夫天下惟有形之富愈可危耳，赫濯之豐盈，轉瞬杳不知何往。在富不能移者，方且蕭然於富之外，而身處富中者，以爲莫過於斯也。富爲其富，欲以之則竟以之矣。且夫富之彰於當境者，其外著者也。夫天下惟外著之富爲難久耳，目前之厚實，易地常弗能爲良。在富能不處者，何嘗長據於富之中，而心安富内者，轉若無加於是也。富爲彼富，能以之則直以之矣。即以下句作陪，靈敏無比。然則彼以富，誠不可及者乎？然而未可恃也。

半面見全神，有側聽楓葉、背指菊花之妙。

地　醜

孔廣鏞

即地以觀，天下亦各有其地而已。夫地至戰國，分裂甚矣。而問各有其地者，不猶是如出一類乎？且自七雄爭長，而拓地開疆，莫不有括囊四海、并吞八方之心矣。從七雄説起，恰好發端。顧爭地以戰者，日逞干戈；而割地以和者，交作詐僞。竊嘗統觀大勢，而規方千有餘里者，蓋猶是各據一方，而犬牙交錯也。今夫齊非所稱泱泱大國之雄風哉？然齊特天下之一耳。吾不禁因齊而曠觀天下，即不禁因天下而先論天下之地。以下由齊立論，故但言六國。論六國者，秦爲疆，岐西故壤，非山東諸國所可争。然秦得百二，齊得十二，勢亦不讓焉。秦恃其崤函之固，齊亦誇山海之雄；秦逞其甲兵之强，齊亦利魚鹽之富。分峙於天下，而天下大勢不西向於秦者，即東向於齊，此西帝東帝所由並稱也。而據華爲城，因河爲池者，其爲地固出一類也。此言秦地類齊。論六國者，楚爲大，荆南闢土，非西北諸邦所可圖。然楚稱三戶，齊稱四至，勢又若埒焉。楚憑其襟帶江淮之險，齊亦因控制海岱之封；楚産其杞梓皮革之儲，齊亦高府海官山之術。橫據於天下，而天下大勢不南連於楚者，即東連於齊，此南服東藩所以交長也。而九州上腴，四國奧區者，其爲地固同出一轍也。此言楚地類齊。且也燕趙據乎朔方，不及齊之獨尊東面。然易水雲中，燕足以稱天府之雄；邯鄲長平，趙亦足以扼中原之項。縱臨淄七萬戶，而帶甲屯騎之數，燕與趙若難分上下焉。故西可以抗秦，南更可以結楚。是地有燕趙，亦天下未可輕也，而安得不成其各據之形？此言燕趙地類齊。况乎韓魏峙乎中原，不及齊之無憂西顧。然魏濱大河，爲天下之脊，酸棗鴻溝，其險可以守；韓依鞏洛，爲天下之衝，陘山宛穰，其塞可以恃。縱青州二千里，而物力兵威之用，韓與魏若皆可頡頏焉。故勢足以通燕趙，力足以拒秦楚。是地有韓魏，亦天下所必争也，而安得不分其割裂之象？此言韓魏地類齊。夫地已如此其醜也，而德亦齊焉。其莫能相尚，亦可以知其故矣。

發揮"醜"字，以齊爲主，方不是徒逞霸才。至其指陳七國形勢，如聚米爲山，歷歷在目，猶其餘事。

知而使之，是不仁也；
不知而使之，是不智也

梁國瓛

責監殷之使，設兩說以窮之焉。夫知而使，固非所以論周公，不知而使，亦何足以咎周公？賈乃用此爲譏議耶？想其謂王曰：至親者骨月之恩，非若仇讐之敵寇也；易料者手足之患，又非若反覆之民情也。乃有至親而不親，易料而不料，負達孝之名，際人倫之變，而不免爲仁人智士所竊議。蓋謂非至親而或有說也，抑非易料而可無譏也。開口機鋒，咄咄迫人。殷之畔，誰使之？管叔使之也。叔之監，誰使之？周公使之也。惟然而賈不能無責於周公之使，尤不能無議於周公之使之心。將謂使之者出於不知耶？愛公者必起而爭之。讀《大誥》一篇，皇天早降艱人之命，則當日流言未起，已知我國之有疵。使寶龜既示以先機，而辛螫猶迷於後患。度公德明光上下，必不闇汶至斯也，則竟以爲知之也。將謂使之者出於知耶？護公者必起而辨之。誦常華一什，奕世如傳湛樂之懷，則當年禦侮是資，詎挾禍心以相陷。使陽畀以東方之管鑰，而陰授以同室之戈矛。度周公孝友克施，必不殘忍至此也，則毋如以爲不知也。二比按各上句作開。夫不知而使，猶可言也；知而使之，何可言乎？葛藟有本根之庇，雖小忿不廢懿親。叔縱不才，公豈忍陷之不義也？不能如傲象就封，全以終身之富貴，何至如寱生失教，釀成同氣之誅夷？起九原而問之，叔也有餘恨已。且知而使之，固可議矣；不知而使，獨無議乎？天潢有非類之人，雖行路知其必敗。叔誠不肖，公奈何信之不疑也？彼鴟鴞之毀室，疏者或難燭其奸，乃脊令之在原，親者并莫知其惡。起千載而質之，公也尚有餘愧已。二比還各下句作合。三年破斧以來，貽詩者憫鴟鴞子之恩勤，而興悲往事，公之心亦深悔其不仁，然而悔已無及也。菲蜂長負罪人之號，而狼跋翻誇賢相之勳。叔受其誅，公收其譽，十六王在天之靈爽，能無流涕而歔歟。四國是皇而後，諭眾者斥殷臣之逋播，而深諱主謀，公之意亦自慚其不智，然而慚固難掩也。桃蟲久有拚飛之眾，而桑土初無未雨之謀。以公之闇，成叔之愚，八百國觀變之英雄，早已見機而逆料。二比題後推論，暢所欲言。然則使之者無論知與不知，而皆有過矣，果仁智也與哉？

　　引經據典，鑿鑿其言，苟非聖賢道理爛熟胸中，外人何從置喙。

人亦孰不欲富貴，而獨於富貴之中

何迺廣

　　欲富貴者，甘讓其獨矣。夫富貴人所同，而叔疑則若己所獨也，能不甘讓其獨乎？今夫天下事，凡未深入於其中者，皆非生是使獨者也。蓋非深入於其中，則其中之微細曲折，趨避取捨，皆無以覺人之所不及覺。而能覺人之所不及覺者，遂逞其智，矜其欲，而復然獨絕於其間。握“獨”字，早定一篇之局。為政不用，而又使子弟為卿，是叔疑之欲富貴也，是叔疑之欲富貴而深艷乎富貴之中也。夫天下之欲富貴者，獨叔疑乎哉？提挈得神。人亦孰不欲與叔疑爭此富貴之徑，人亦孰不欲與叔疑馳此富貴之場？而無如人皆處乎其後者，叔疑每處乎其先也，先斯獨也。人亦孰不欲與叔疑逐此富貴之榮，人亦孰不欲與叔疑競此富貴之術？而無如人止共見其同者，叔疑偏自得其異也，異斯獨也。跌出“獨”字，探驪得珠。是何也？則以人之欲富貴者，其欲尚未窮乎富貴之數，而叔疑之欲富貴者，其欲直已入乎富貴之中也。凡富貴所必至之境，皆其欲所必及之境，而其欲所必及之境，皆人之欲所不能默構之境。是人不獲與叔疑並至者，叔疑更不肯與人以共趨也，則其中之閱歷爲獨深。且以人之欲富貴者，其欲僅於富貴之迹爲推移，而叔疑之欲富貴者，其欲直於富貴之中爲經畫也。凡富貴所必不能外之處，皆其欲所必不敢外之處，而其欲所不敢外之處，皆人之欲所無從窺見之處。是人不能駕叔疑而先往者，叔疑並不肯予他人以後入也，則其中之圖度爲獨祕。透發"獨"字，入木三分。獨祕則於富貴之中，不以告人，且不堪告人。蓋富貴爲人所共趨之路，共趨而於其中所獨趨者輕洩於人，是直公其富貴於人也。惟不肯公其富貴於人，故雖明知所趨不堪以共見，而遂覥然於富貴之中。獨深則於富貴之中，無微不入，亦無奇不出。蓋富貴爲人所共爭之物，共爭而於其中所獨爭者無異於人，何以專其富貴於己也。惟欲專其富貴於己，故不恤所爭出於不經見，而輒狡然獨擅於富貴之中。實從"獨"字勘出"於"字，下句不待圖窮，匕首已見。噫！是壟斷富貴也。吾願天下之欲富貴者，甘讓叔疑爲獨，勿與叔疑爲同也。

清思浣雪，健筆凌雲，通篇握定"獨"字，手寫本位，神注下文，尤極虛截題能事。

枉 尺

陳培幹

尺而枉也，志之言可述矣。夫尺之爲物，亦甚小耳，枉之不誠易易乎？此志之言，代可先爲孟子述之。且士人潔己之脩，得寸則寸，得尺則尺。固謂其志有必伸者，其節即不容以稍屈。豈知屈而終屈，其節固足表其長；而屈不徒屈，其節亦適形其短。試爲博稽往籍，而知尺有所短，古人未嘗不熟籌之意中也。借擒"尺"字，敏妙非常。如就霸王之大功，而略不見之小節。自夫子觀之，以爲代之臆見，而自代言之，以爲志有明徵也。蓋不見之小節，亦不過咫尺之微耳。今夫尺之爲度，起於黃鍾。一黍爲分，十分爲寸，十寸爲尺。然則以尺而較於分與寸，尺固獨見其長。不知尺之中有不及乎尺者，而尺乃見其長，而尺之外有大過乎尺者，而尺又見其短。我有此尺，世雖有愛慕於我而重視此尺之人，而我守此尺，世豈無見小於我而輕視此尺之人？曾是尺也，而謂遽枉乎哉，而謂不枉乎哉。惟然，而知古人不我欺也，枉尺之言可先述矣。"尺"字一頓，關動"尋"字，具見手法。度不周乎時勢者，不可與圖功。使尺之外更有所枉，枉之數不止一尺，豈惟君子所難行，抑亦古人所難言也。若枉而僅在於尺，則得之固不見其多，豈失之而遂爲大可惜？在識時勢者，不將視爲何得何失之端也乎？智不明乎量度者，不可與立名。使尺而既棄其尺，枉而徒虛此枉，此固君子所不敢，抑亦古人所不道也。若尺而無妨於枉，則有之固未爲足珍，豈無之而遂爲自棄？在知量度者，不幾置諸何有何無之數也乎？不脫志曰，方得引述語氣。非不知蠖屈難堪，詎甘居降志辱身之地，無如尺而不枉，則亦祇見爲尺也。夫世豈無不用其枉，而所得不祇在尺者，此固古人所厚望。乃不得已而委曲於其間，而知尺雖枉，自有不終於枉者在也，枉在尺，自有不僅於尺者存也。誠哉是言乎！吾將持此尺而量之矣。亦自知晚節當謹，不欲等委阿求售之流，無如枉不在尺，則亦僅得不枉耳。世亦有不守其尺，而枉則俱枉者，此亦古人所深悲。乃不得已而絜度於其際，而知有遠過乎尺之外者，則枉不難於枉也，有不負乎枉之後者，則枉何惜乎尺也？古人可作乎！誰則并此枉而矯之矣。兩路夾出"枉"字，文心備極曲折。枉雖在尺也，而直則在尋矣。觀於此志，不可爲而實可爲也。

　　通體明暢，後二比情往以贈，興來如答，此筆固自不凡。

自楚之滕，踵門而告文公曰：遠方之人
聞君行仁政，願受一廛而爲氓。
文公與之處，其徒數十人，皆衣褐，
捆屨、織席以爲食。陳良之徒陳相
與其弟辛，負耒耜而自宋之滕

易文長

　　兩記來滕之人，其始固不相謀也。夫行之之滕，自率其徒，相之之滕，自偕其弟耳。況陳良之徒，更異神農之言也，君子用知其始之不相謀。昔孟子與文公言曰：有王者起，必來取法。蓋信夫與吾同道者之相感而興，非謂與吾異趣者之相率而來也。迨滕用孟子言，而異吾趣者至焉，同吾道者亦至焉，且同吾道者反不如異吾趣者之先至焉。其來同，其偕來者不同，其學之從來更不同。則適相合也，而實不相謀矣。恰好引入。彼許行之託於神農也，豈以神農氏作？斲木爲耜，揉木爲耒，故負其異以爲來滕之倡哉。清出題尾，絕不費力。毋亦僻陋在夷，好爲異論，側聞滕君之行仁政也。意必有慕義之士奔走而之滕者，易於廣收羽翼，聳動當時云耳，非真願爲氓也。關動題尾，轉合題首，筆墨盡爲煙雲。假令爲文公者，於其踵門時，察其異言異服，實繁有徒，必非安於爲氓者。麾而出之境外，毋令惑眾，將許行不得處於滕，其徒亦不得處於滕。使夫四方列國畏君之明，端人正士服君之明，望風而至，不可謂非特識也。乃計不出此，而與之處，亦謂懷柔遠人，將自行始耳。豈知與處者一許行，而捆屨織席之數十人，皆衣其衣，食其食，彼唱此和，旁流百廛，其如異日之來滕者何哉？夾敘夾議，絕妙波瀾。然其時，亦有之滕者，蓋陳相也。問其所自，則自宋而非自楚也。問其所偕，則與其弟辛，而非其徒數十人之多也。問其所業，則負耒耜，而非衣褐與捆屨織席之細也。問其所學，則陳良之徒，而非神農之言之荒渺也。噫！異矣！收前段，恰起後段，古文神境。夫許行在楚，陳良亦在楚。使許行而與孟子同道，則陳良之徒，當不獨一陳相，即許行亦奚不可爲陳良之徒？許行之徒數十人，亦奚不可爲陳良之徒者？乃許行既不聞爲陳良之徒，而爲神農之言。至其徒亦不爲陳良之徒，而爲許行之徒，而陳良無徒矣。惟與弟辛，猶得於其來滕之時，溯其淵源，藉藉稱道，以爲陳良之徒也。此豈第爲陳良幸哉？前兩段還許行一截，此兩段還陳相一截，章法天然。獨是等之滕也，行自楚，相自宋，無以異也。推之行有徒，相有弟，行衣褐，相負耒，亦應無以異也。所異者，相爲陳良之徒，行爲神農之言焉耳。事之不相謀而適相合者，有如是耶？此段總結，迴應起講，自成章法。何居乎，陳良之徒，忽轉爲許行之徒也？自楚之滕，自宋之滕，遂並書云。

照定書指，凌空發議，神光離合，乍陰乍陽，筆尤疏宕入古。

犀

梁啟康

繼虎豹以言犀，驅之又不容緩矣。夫犀之爲害，初無異於虎豹也，驅之者安能不計及哉？且自商辛無道，而義渠之犀，遂獻自南宮焉，則犀不嘗爲紂所有哉？不知珍禽奇獸，祇供虐主之觀，而除暴安良，實見聖王之治。當歸馬放牛之下，其所爲麇之使去者，又不妨繼虎豹而言及犀矣。借扣"犀"字，妙切商紂。虎爲百獸之長，而犀亦有壯獸之名，周公若曰：驅虎而不驅犀，恐國尚多遺害也。則覩此烏弋黃支,能勿盡其藪澤山林之性。豹有隱霧之文,而犀亦有辟塵之異,周公若曰:驅豹而復驅犀,其惡庶可漸除也。則念此三蹄一角,能勿示以強弓毒矢之威。帶定"驅"字,不落寬套。此驅犀之故所由來也。攷《爾雅》之文,犀本似牛之類,故無論山犀二角,水犀三角,皆不過異類之形。所以未登告戒於《旅獒》,雖食棘堪珍,直若等懷春之野麕?讀《考工》之記,犀亦有爲甲之資。故無論牸犀紋細,螺犀紋旋,皆未得爲珍奇之異。所以既獲好仇於罝兔,雖通天可貴,終難比獻瑞之祥麟。切定周公相武王,藻不妄杼。熊羆卜興王之夢,騶虞歌化道之成,則犀或可與爵屋鵲巢,共托聖朝之宇。乃何以前途倒向,歌丹漆者不聞犀兕之多;牧野甫陳,秉白旄者不見犀革之裹也。值虎賁之未脱,而梁山之産,早已不登於《誥誓》之書。麀鹿既詠於靈臺,麟趾亦思乎公族,則犀亦當與鼠牙雀角,同稱致治之馨。乃何以武奮鷹揚,駕檀車者不聞衣水犀之甲;詩賡龙吠,感佩帨者不聞建文犀之渠也。值鹿臺之方盈,而巴浦所生,早已不列於篇章之內。嗟嗟!角可駭雞,性能分水,固足供玩好之資。而當此遊目瑤臺,已無復文犀之獻。既堪辟暑,復可辟寒,愈足爲性情之樂。而當日旗懸太白,問誰爲犀照之燃。不脱伐商大旨,絲絲入扣。然而爲害者,又有象也,而公皆已驅而遠之矣。

　　針對節指發議,不徒以辟塵駭雞見長。

井上有李蟲

林　佩

　　言廉士而及井李,相值者更有蟲焉。夫井上而有李,天所以憐仲子也,何適與之相值者,更有蟲哉?嘗讀《易》而至井以辨義,未嘗不嘆人生世間,寄蜉蝣於天地,雖小物亦不可輕視其有矣。蓋與世無争，憐苦節者既有碩果；而會逢其適，勵清修者復有微蟲。雖曰：井養不窮乎，何蠢爾而蜒蜿者，偏與之相值也。轉圓怡好。如仲子之三日不食而無聞無見也，斯時不幾等於蠢然無求、蠕然無知之一物乎？伏下無迹。念當日於陵僻處，伊威則在室矣，蟏蛸則在户矣，蜎蜎者蠋，則在桑野矣。於此而灌園食力，亦何不可與物相安也？不謂受福不聞，莫懷井渫之汲；一介不取，莫來木李之投。吾意仲子於此，當亦與蚑行蠕動，方聚類分已耳。而孰知形神憔悴，景況淒涼之際，竟有李於井上也哉？映帶下截，藻不妄杅。然或者曰：李之有也，乃天之所以憐仲子也。念彼荒涼孤寂，欲求急難之春令，而不可得，欲爲式穀之螟蛉，而又不能。孑然一身，誰憐枵腹以拯螻蟻之餘生也？乃天不生李於耳目如故之日，而生李於見聞既廢之秋；且不生李於污泥混濁之中，而生李於寒泉泠洌之上。天固謂留此李以慰仲子之節無滋他族，實逼處此以與我仲子争此李也。審是而李之有於井上也，螬又胡爲乎來哉？渡下，機杼天然。攷之《爾雅》之《釋蟲》曰：蟦，蠐螬，蓋在土中者；蝤，蠐蝎，蓋在木中者。兹之螬而繫之以李，則在木中無疑矣。而繫於井上，則又疑在土中，是知天生李不必復生螬，天生螬不必復生仲子。吾不知螬知有仲子否，亦不知仲子知有螬否。而螬自爲螬，仲子爲仲子，兩不相謀也；螬自成爲螬，仲子自成爲仲子，兩不相涉也。還下截亦有興會。一自井上有李，而仲子不與螬爲緣者，偏若與螬爲緣，螬非爲仲子而設者，轉若爲仲子而設。何也？所食實者過半，仲子實藉之以成其廉也。天之成仲子，亦至矣哉！

　　文成法立，機到神流。

螬食實者過半矣，匍匐往將食之，
三咽，然後耳有聞，目有見。孟子
曰：於齊國之士，吾必以仲子爲巨
擘焉。雖然，仲子惡能廉？充仲子
之操，則蚓而後可者也。夫蚓

趙 烜

分所餘於物，可重按其操於物矣。夫餘李分甘，則成仲子之廉
者，螬也。然即類於螬者，以驗其操，不可重按夫蚓之爲蚓乎？今
夫耿介自鳴者，不屑與人爲徒，直與物爲徒也。吾謂欲驗其人，正
當還按夫物。以物之餘而濟乎人，則人之所求，反於物乞憐而見
笑；以人之操而附乎物，則物之所處，反與人並域而爭長。夫乃嘆
物能成人之廉，而人不能如物之廉者，則物固有其爲物者在也。題
界清晰。如井上有李，亦植物之恆耳。夫豈如物之足繫人思者，而顧
念之不置耶？況乎明王莫汲，幾同蟄穴之藏；整冠是羞，聊等潛淵
之伏。伏下無迹。更違計其實三、其實七者之大有其物哉。吾意仲
子，屈蠖自甘，當必有任其下自成蹊者矣，詎曰食其庶幾乎？而況
螬食實者已過半乎！清出題首。夫實而曰半，則仲子之食廉矣；半而
曰過，則仲子之食更廉矣。雖然，仲子之居於陵，固安十畝之閑閑，
而隱居自樂者也。使其治農圃之業，考《月令》之篇。則蚯蚓出而
王瓜生，固可樂茹茶之素；蚯蚓結而荔挺出，亦可繼《采薇》之歌。
而乃乞分惠於餘甘，吞三咽於匍匐，而顧以是見真廉哉！映帶題尾，典
雅絕倫。消納“匍匐”一段，帶起後半截，好機勢。然齊國之士，莫不曰仲子
之廉矣，莫不曰仲子之廉，螬有以成之矣。帶定題首。今夫齊國中，

盧令猇左之風，雞鳴狗盜之輩。其隨行逐隊者，一蟻之附也；黨同伐異者，悉蝸之爭也；妾斐構禍者，皆貝之錦也；樊棘交亂者，盡蠅之營也。左縈右拂，如常山蛇，首尾皆應。問有樂餘李之自甘者乎？安衙匐之自適者乎？噫！其不爲螗所掩口而笑者，蓋亦僅矣。而仲子獨能與物無競若此，是仲子固遠勝於螗，而爲蟲類中之巨擘也。獨惜其不能如蚓耳，不能如蚓之操耳。夫蚓何如者？迴顧題首，落到題尾，機法天然。今夫物無不知胅響也，而蚓獨無聰，是豈待三咽而後耳有聞者乎？抑物無不知辨色也，而蚓獨無明，是豈待三咽而後目有見者乎？安頓題尾，亦有機趣。引而復伸，固知命名有自；星而應軫，安問懸象何由。第觀其趺行俯息，自得優游，吾知井畔之螗，縱或以口實遺之，亦有漠然不顧而曰啖我以餘者矣。恰挽題首作收。何也？以其食槁壤，飲黃泉也。仲子即欲與螗爭長，其奈不能如蚓何。

　　手法圓密，比附新巧，才思富有，機趣橫生。

既竭心思焉

胡保泰

　　觀聖人心思之用，有知其既竭者焉。夫聖人非徒善之謂也，而由今以想其心思，然後知其既竭云爾。且聖人制治之心，天下共見之心也。而正不獨天下共見其心，其精神不匱於千百年，其意量直周於億萬世，遂使後之論者，揣其心，想其心，而知其無不盡之心。以爲其已然者，固昭然可見爾。着眼"既"字，手法最超。觀於聖人既竭其耳目之力，而又不徒既竭其耳目之力，制器如此，況制治哉？王迹之板蕩，歷數傳矣。而《關雎》《麟趾》尚得於殘篇斷簡，默窺精意之所存，知燕翼詒謀，早有不容己於斯世斯民之故。世風之日下，有自來矣。而唐虞夏商猶得於二典三謨，上追帝德之廣運，知亮工熙績,早有不敢弛其惟兢惟業之神。<small>針對下文"不忍人之政",勘取"既"字,絲絲入扣。</small>彼聖人者,不嘗既竭其心思哉。且夫既之云者,由後溯前之辭也。夫一夫不獲,時予之辜,在聖人厪念民依,原未嘗有信心之候。而後人追維往事,直不啻舉當日之圖維,歷歷如相告,然後知聖人之經營甚大,其恭默思道,既如此其周也。然而竭之云者,又由今視昔而論也。夫元首叢脞,則萬事墮,在聖人軫恤民隱,時恐或有歉心之端。而後世考古流連,直不啻對往日之勤勞,懇懇以相示,然後知聖人之運量甚遠,其思艱圖易,竭盡而無餘耳。<small>"既"字、"竭"字,字字俱對下文"不忍人之政",看出神理,一絲不隔。</small>要之非結諸虛願也。夫吉凶同患,聖人豈以民間之疾苦,空寄在抱之憂勞?其所謂既竭者,以思起不以思止也。心不托於虛,而後思乃得其可據。如使其以思止也,將虛願未償,千載下誰復知聖人之慮無弗至者有如是哉?而又非謂足滿志也。夫惻怛爲懷,聖人豈以無形之擘畫,遂告無罪於千秋?其所謂既竭者,以思深不以思慰也。心不即於滿,而後思乃得其所懲。如使其以思訖也,將滿志未能,萬世後又奚由知聖人之念無不到者有如是哉?<small>緊對"繼"字,洗發"既竭",意無不達。</small>何也?蓋心思既竭,雖聖人亦不能徒恃其心思也。知所以繼之者,必有道矣。

　　鋪寫聖人之竭心思,易與下文隔斷,文獨從"既"字批卻導窾,遂令祕響潛通。

自得之,則居之安;居之安,則資之深

羅家勤

　　驗心得之詣,其安與深者可遞按矣。夫學既有所得矣,則所居所資,有不安與深焉者乎?是可遞而按之。今夫人以萬物皆備之躬，孜孜焉以求實獲，而心猶不免慮其危、懼其淺者，是仍自信之未真也。惟理之宅於心者，固而存之，而見其不拔；斯心之涵乎理者，全而貯之，而見其靡涯。此其效可遞致也，而其蘊抑亦可徐探也。是曷不觀造道而欲自得之君子？分貼兩句，方璧圓珪。夫君子豈不欲遞臻乎心得之境哉？然有漸焉，不可强而致也。當夫功力未至之時，聽之而已。至聽之不可，而追之又不能，則處心似甚危也。乃久之而存養中忽坦焉其得所曰：如是則可謂自得之矣。及夫層累以幾之際，俟之而已。至俟之既久，而期之又甚殷，則蘊理似甚淺也。乃久之而充積中忽淵焉其莫竭曰：如是則可謂自得之矣。分照"安""深"二字，安頓"自得之"，另作一頭，最爲斟酌。今夫人天懷所守，孰不言安？然内無貞固之本，而好爲鎮物之形，則求安之心必已不安。即使制之而安，而屏絶萬有，歸於清净，震撼之情有不覺其可危者。無他，自得中之居之者不可强也。理之於心，無去來之擾，而有動靜之依，安視乎其居之，而實視乎其得之也。以心企得，得或出之於偶；以得會心，得已率乎其常。當實獲我心之時，尚有危疑之未却，而震動之無端者乎？吾有以知其不然矣。反面愈剥得清，正面愈勘得細。由是而向之擇一途以自處者，既已止乎其所，而無杌楻之虞。下句仍從"自得"來，故中間尤不可無此停束，非徒以遥對見長。今之向萬善以爲歸者，尤當厚乎其藏，而進淵深之境。今夫人大業所托，孰不貴深？然内無甚厚之藏，而故示不測之量，則鈎深之術不可謂深。即使力求其深，而游心淵渺，返於空虚涵蘊之中，有不覺其已淺者。無他，自得中之資之者不可强也。心之於理，惟執極之不遷而已。衆善之咸備，静而能蓄者，資本於居；積而不匱者，深究本於得也。求得於外，則未信之得有窮；資得於中，則不疑之得難量。當久而善息之候，尚慮人之無其藏，而出之無其本乎？吾又有以知其不然矣。仍收到"自得之"，絲絲入扣。是知君子心得之學，居之依以爲安者，植立於以不摇；資之蓄而益深者，淵源乃爲有本。迨至左右逢源，一自得而其效如此，君子所以深造而不容自已歟。

> 題似兩扇，實以"自得"爲主。文將首三字截發二比，獨得
> 驪珠，餘可罷唱。

資之深，則取之左右逢其原

梁國瓛

驗學於資深之後，有取之無盡者焉。夫資之不深，安見其所謂
原者，取之而左右皆逢，此資深後所堪自驗者乎？且夫造物之所以
予我者，原無盡也。會乎其故，而富有者日新不已；妙於所入，而淵
然者時出不窮。蓋先事之蘊涵既裕，即當躬之涉歷皆通。夫固有
默與相遭，而不能自量者。由自得以及資之深，則理之集於萬感
者，早已密爲之儲。儲焉既廣，斯給之不勞，而事物之精，儼若索諸
所寄也。抑機之形於四達者，早已善爲之蓄。蓄焉有餘，斯發之不
匱，而身心之蘊，又如巧以相迎也。二比分籠"取"字、"逢"字。蓋理有其
原，可於資深時觀其學矣。天下事非我之所有，每力爲之而不勝其
瘁，兹則默持其柄，而無事營求也，取之而已；天下事非我之所主，
亦強期之而莫必其應，兹則投之所向，而無庸擬議也，逢之而已。二
比分點"取"字、"逢"字。今夫川流敦化之機，放之非實，斂之非虛，所謂
當前即是者，原不妨遠取諸物近取諸身也。不依形而立，不下帶而
存，日用間早裕無方之用，而何往非百慮一致之歸。時行物生之
妙，不淪於無，不滯於有，所謂攸往咸宜者，更覺博取非多約取非少
也。體事而皆備，體物而不遺，宇宙間一皆類聚之情，而何往無一
實萬分之理。二比實從"取之"勘出"逢原"。則取之左右逢其原矣。閒
嘗見夫窮原而獲者，爲能不憚其勞也。乃原之具於中者，出而相
覿，並窮其力者，而亦可無勞矣。蓋逢則神明所會，目若遇之，將隨

身所歷，而動與爲緣，自有相引於不窮者焉。又嘗見夫持原以往者，爲能不昧其趨也。乃原之觸於中者，入而相貫，並恃其識者，而亦幾於化矣。蓋逢則意見胥融，神若接之，將隨感即通，而幾非在我，更有相深於無盡者焉。二比實寫"其原"。而要非資之深不至此。是則以我之所資，供我之所取，必無不給之虞，所以薄植者無餘，而萬理中涵，自有積而能通之勢。且以我有本之資，逢我所資之本，必無相蔽之事，所以淺嘗者易盡，而中藏既富，即有多而能貫之機。二比迴顧"資深"，爲通篇結穴。至此而學不已成乎？

字字爬梳，層層洗發，精心杼妙理，淳意發高文。

禹思天下有溺者，由己溺之也；
稷思天下有飢者，由己飢之也

冼　鍾

二聖任天下之責，有不容己於思者焉。蓋溺由己溺，飢由己飢，禹稷任天下之重也。藉非孟子，孰能推原其心哉？且事之無與於己者，雖有匡濟之隱衷，亦不得越俎而代之。故行無越思，君子所以藏其用；而責無旁貸，聖人不敢恤其勞。夫至於勞之不恤，則其抱疚於處心積慮中者，誠固結而莫可解已。握定"己"字，倒戈而入。是曷不觀禹稷之天下？洪水橫流之日，下民實深昏墊之憂，而氾濫爲災，天若特設艱難，以困聖人之志慮，此其責非皋陶、伯益所能分也。故圖艱慮患，片念也，而萬方之汩没環之。率育未奠之秋，蒸民未解艱鮮之苦，而阻飢屢告，天若故加憂患，以窮神聖之精神，此其任非朱虎、夔龍所能貸也。故投艱遺大，寸心也，而萬姓之饔飧籲之。先將兩"己"字坐實，筆亦明爽。夫禹稷之天下，固飢溺之天下也。自有禹稷，天下遂不復有溺者，不復有飢者矣。然而禹稷固早結而

117

爲思矣。禹之時，懷襄者九載，汨陳者五行，天下沉溺之憂，恐非思之所能免。而禹也，乘四載以隨山，勞其思于舟車橇梮；疏九河以注海，勞其思於濟漯江淮。讀《禹貢》一書，如見其思之周海宇焉。迄於今，平成之奏久矣，而率循者猶歌禹甸，疆理者尚憶禹功。彼夫歷山鑄幣，會稽計功，特其思之分見於天下者耳。稷之時，巢窟不知稼穡，洪荒未解芟耘，天下飢饉之憂，恐非思之所能濟。而稷也，爲萬世開播種之原，勞其思於穮蔉襏襫；爲四海普衣食之利，勞其思於樹藝農桑。讀《豳風》一什，可猶見其思之垂奕禩焉。迄於今，明農之烈遠矣，而祭蜡者特崇先嗇，祈年者必及先農。彼夫生民所稱，思文所頌，特其思之昭著於天下者耳。<small>旁推交通，妙俱收入"思"字，不徒以鋪寫見長。</small>當其任之未膺，禹不得以疏導之利贊其父，稷不得以樹藝之功襄其兄。身處局外，雖爲子爲弟，幾無以代服事之勞，而爲之少紓其憂慮。迨夫責有專屬，禹不聞以隨刊之事讓於稷，稷不聞以粒食之事讓於禹。各盡厥職，即盈廷交贊，亦無容其退讓之意，而爲之少弛其憂勤。<small>一開一合，收足兩"己"字，絲絲入扣。</small>是知思以有所責而專，禹稷直以謀己者轉而謀人，而不勝其輾轉；思以有所屬而切，禹稷且以謀人者視若謀己，而不覺其敏皇。己溺己飢，禹稷之身任天下如此，是以如是其急矣。

　　<small>握定"己"字，勘取"思"字，心花怒發，一切朽腐盡化神奇。</small>

子思，臣也，微也

關正亨

　　分有獨微，非遠害者所得例也。夫子思居衛，臣道也，以臣視君，其分不已微哉？孟子由曾子而遞論之也。且自卑高陳而貴賤位，位分乎貴賤，即位定乎尊卑。往往有委贄朝廷，而當變故猝乘，雖欲潔身遠害而有所不能者，一爲之核實循名，覺古人之凜然於天澤之防者，其辨之爲已早也。吾言曾子、子思同道，而明曾子之爲師。夫曰師，則君不得而臣矣，而子思何如者？負笈而從師千里，市井亦得以臣稱。然甘蟫屈而函丈相親，究未覯龍光而事權有屬也。則策名簉仕，誰許皇路以馳驅。樂育而聚首一堂，草莽亦嘗以臣著。然雞鳴而風雨談心，何如象笏而書思對命也。則釋褐登朝，早已置身於廊廟。從上卸落，諧暢有餘。然則子思居衛，其爲臣也明甚。夫以臣視君，其分不已微哉！掌鈞衡者曰大臣，司奔走者曰小臣，臣不同，而臣之微要無不同。常則安樂與共，歌黼黻以慶隆平；變則憂患可同，執干戈以衛社稷。其名之不可假者，其分之不可逃者也。而堂陛之形，直統乎疏附後先之儔而無或外矣。膺輔弼者爲内臣，任句宣者爲外臣，臣有異，而臣之微則無或異。無事則丕基弼我，心腹可以相依；有事則盡瘁鞠躬，頂踵有所不顧。其職之有必盡者，其義之不容辭者也。而冠履之辨，直貫乎公孤卿尹之屬而無敢紊矣。對定"寇至"，藻不妄杅。然則謂之曰臣，則必有克盡其爲臣者，而後臣之責無所虧。以子思久列朝班，豈不欲以明哲爲保身之計？而一律以堂廉之分，則利害之見不敢存，臣之所以言下也。而以身許國，夫豈養尊處優者，所得同日而語哉？且臣而曰微，則必有無負其爲臣者，而後臣之心無所歉。以子思名登仕版，詎忍以渺躬罹无咎之災。而一念夫勢分之殊，則君父之危無可避，臣之所以稱卑也。而休戚相關，又豈飄然遠引者所可相提而論哉？對定"盍去"，語無泛設。易地皆然，曾子、子思亦以道爲衡而已。

詞旨安詳，風神韶秀。

119

爲指之不若人也。指不若人

周夢淩

有爲指之屈於人者，大賢爲轉按之焉。夫指屈於人，在求伸者固大有所爲也。然屈於人者僅在指，亦其小者耳。且人莫不有所爲，而所爲者顧在微物之有虧。彼固難没其所爲也，而吾正樂推其所爲。擒題犀利。蓋難没其所爲，所爲亦非無因，而進推其所爲，所爲已難共解。試即其求伸之情，以驗乎求伸之物，覺局中甚歎之端，而局外直等諸甚微之數也已。拍合自然。如不遠秦楚之路，以求伸其指，姑無論其不能伸也，就令能伸，亦不過曰指之若人而已。且無論其能伸也，即令不能伸，亦不過曰指不若人而已。夫何必汲汲以求伸，而反爲指不若人也哉？一噴一醒。非不謂指屬於形，即使形有參差，何遽損吾之素？然而爲之之意，猶有憾也。當此愧憤交乘，雖語以賦畀偶虧，亦屬人生之小故，而念有專注，正惟以官骸之末，愈難遏其優絀互見之情。非不謂指繫於外，即使外有所缺，豈遽喪吾之全？然而爲之之説，固有在也。當此悚惶迭起，雖語以肌膚偶損，非即狂聖之分途，而意有難安，正惟以傷毀之微，愈難泯其彼此相形之慮。轉筆直捷，題字亦醒。是故其在彼也，迫於求伸之情，絶不計乎指見爲伸，非有加於人，指見爲屈，亦非有害於我，而皇皇然惟以指不若人爲憂。而在吾也，推其所爲之意，始思乎指不若人，竊嘆其爲之無他故，繼念乎指不若人，猶幸其爲之有轉機，而殷殷然還即指不若人爲例。二比束上起下，舉止安詳。且夫吾身缺陷之故，悉數正復難終，而僅於一指之間，與人世争嬴縮之數，豈舍指固别無不若人者乎？使舍指别無不若人，則指固吾之指也。乃以爲不若人之故，反以開吾引説之端，則以指爲衡，吾正樂不若人者之有其準。<small>高唱入雲下，意在神光離合間。</small>且夫吾人比方之餘，翹企正多難及，而僅於一指之細，與斯人較完缺之分，豈不若人者無有甚於指乎？使不若人者無甚於指，則不若實吾不若也。乃因其爲不若人之由，用以便吾借鏡之說，則以指爲喻，吾正幸不若人者之有其端。<small>收勒亦堅。</small>則知惡之，是正爲不若人也，而奈何心不若人，則不知惡耶？

　　　熟於伸縮吞吐之法，可謂應弦合拍，意到筆隨，文人妙來之候。

孟子曰：拱把之桐梓，人苟欲生之，皆知所以養之者。至於身，而不知所以養之者，豈愛身不若桐梓哉？弗思甚也

周夢菱

　　爲不思者言養，欲其知所擇也。夫以身例桐梓，其相去奚啻什伯也，而奈何不思所以養之哉？且人之所以不能已於養者，身而已矣。專所養於大體小體，而理備於躬；即推所養於羣生廣生，而物遂其性。蓋因身以及物，初非視身同於物，更非視身不如物也。彼得其細而遺其大者，何竟昧然不察也。<small>先將正旨從題外挈清，線索在手。</small>今夫身之足貴也在乎養，而養之成也存夫思。孟子因人之不能思而遂失所養也，慨然曰：天下之最無足輕重者，莫桐梓若矣。<small>落題首，泠然而善。</small>而且朝而撫，暮而視，欲其碩而茂也；順其天，致其性，欲其蕃而蕃也。無他，愛之心然也。愛之故生之，生之故養之，桐梓如此，況其遠過桐梓萬萬者。其思所以養之，顧待問哉。<small>先將上截喻</small>

意頓清,恰好帶出下截正旨。於是而有問者曰:以養桐梓之説,移之養身可乎?吾竊謂其不知類。蓋身非桐梓可比也。内而精神念慮,動於誠實者可安,動於妄念者又可危,顧何以能合乎義理?外而動作威儀,理之引我者固多,欲之誘我者亦不少,顧何以使進於中和?天地之塞吾其體,天地之帥吾其性,藐焉中處,綱紀倫常繫之矣。夫豈第其本欲舒,其培欲平,其土欲故,其築欲密者,如桐梓之能遂性已也,則愛桐梓之不若愛身若也明甚。迴顧題首,反落題尾,一片神行。然而此可爲知者道,難爲不思者言也。耳目口體,衆情具焉,非不欲快其情也;飲食男女,大欲存焉,非不思遂其欲也。然知其養,而不知其所以養,必將鹵莽之、滅裂之,爪其膚以驗其生枯,搖其本以觀其疏密,而不以待桐梓者待身也。嗟乎!人即以愛桐梓之心愛其身,君子猶或非之,而況桐梓之不若耶?是何弗思之甚也。收合題尾,妙不肯用一直筆。思之則必能以養桐梓者養身,且不特以養桐梓者養身。而知所以養身者,并知所以養桐梓,亦知所以養身者,雖不知所以養桐梓可也。輕重之分,必有能辨者矣。翻進一層,作收餘韻,悠然不盡。

　　庚肩吾論書,所謂峰崿間起,漪瀾遞振,抽絲散水,定其下筆者耶?

所以考其善不善者,豈有他哉

周夢菱

　　欲考其養之善否,不必以有他疑也。夫曰考其善不善,則固有所以考者在也,而何必以有他疑哉?孟子曰:始吾以不知所以養身,爲弗思者病,是惟不知所養者然也。若儼然知所養矣,則又宜辨所養。所養有善不善,是所養有他也;辨其養不過善不善,是辨其養無他也。如謂所養者不能一致，而辨所養者亦不能一致，則無貴乎辨者，亦無貴乎養矣。如以養成其愛，是知所養矣，而未知所以養，即知所以養矣，而未知所以考其養。如切玉刀，如分水犀。於此執養者而問之曰：女所養有善焉，是女之善也，女所養有不善焉，是女之不善也。女胡不考也？起得不測。而養者猶有疑也。疑乎所以考者何以竟能考也？又試執養者而問之曰：女所養有善焉，弗考不知其善也，女所養有不善焉，弗考不知其不善也。女胡混其善不善也？而養者尤有疑也。疑乎詔其考者何以能考其所未考也？空中翻跌，全爲"豈有"作勢。然而不必疑也。凡物可以之彼可以之此者，或宜以他途要之。若確指其善不善，則有主名之可按，即有魁柄之可操，是亦無容他索矣。如其逐於善不善之數，以考其善不善之數，是善不善未嘗遁而之他，而所以考其善不善乃遁而之他也。夫亦未知所以考者，不可以他途要也。凡物操之不定縱之不定者，可以他物衡之。若刻覈而考其善不善，則有兩境之可憑，即有兩端之可執，并不慮其他遁矣。如其離乎善不善之本，以考其善不善之本，是善不善未嘗離而他屬，而所以考其善不善者乃離而他屬也。夫亦未知所以考者，不可以他物衡也。坐實"其"字，下文"己"字早針出血。如以爲有他，而欲以他途要也，必善非其善，不善亦非其不善。而以考之無傷不考亦無傷者，如秦越人之相視焉，猶之可也。若猶是其善不善之非他有所見也，而所以考之者，或妄意乎他有所見之可以旁貸也，有是理哉？且欲以他物衡也，必考非其善，考亦非其不善。而以善亦無傷不善亦無傷者，姑爲之量度焉，蓋有之矣。若猶是考其善不善之非他有所用也，而所以考之者，或妄意乎他有所用之可以假借也，有是情哉？全從"有他"剔出"豈"字，曲而能達。如曰有他，則以外制中之說也。然制中者外，以之者非外也。則又以人爲鑑之說也。然爲鑑人，者以之者非人也。夫亦曰己而已矣。

坐實"其"字，照定"己"字，剔出"他"字，字字披剝。具此文心，遂無難達之詞、難顯之意。

管夷吾舉於士，孫叔敖舉於海，百里奚舉於市

黎熾遠

歷言霸佐之遇，所舉亦甚奇矣。夫齊楚秦之霸，實夷吾諸人之力也。而舉於士、於海、於市，所遇不甚奇哉？且自王業衰而霸功盛，人第知其霸主之雄，而不知其霸佐之偉也。人知其霸佐之顯赫在一時，而不知其霸佐之沉淪非一日也。三代而下，人才未嘗不與古異，遇合未嘗不與古同。使必謂晚近以來，鄉相多由於貴冑，亦殊非通論矣。舉重若輕，如不經意。自舜而下，王臣之所舉，既有然矣，盍更驗之霸佐？王者之王天下也以德，霸者之霸天下也以功。德由積累，而功則建於崇朝。故非集一時豪傑之才，必無以表東海、威南服、攝西戎，而一國之聲靈不振。王臣之輔其主也以道，霸佐之輔其主也以術。道可率由，而術則根于歷練。故雖極夫人世阨窮之事，甚而至拘桎梏、涉波濤、居闤闠，而半生之貧賤皆安。二比分籠上下兩截，全題在握。吾嘗見管夷吾矣，夫遭逢不幸，至繫俘囚。試思桁楊之下，視徒隸而心惕息；圄圇之中，對獄吏而頭搶地。此又安望夫舉者？而管夷吾則固舉于士。又見孫叔敖矣，夫罪累頻加，莫容中國。試問江湖遺老，精神之況瘁何如；漁釣散人，風雨之妻涼奚若。此又安望夫舉者？而孫叔敖則固舉於海。又見百里奚矣，夫君相莫知，至儕商賈。試思湫隘囂塵之所，豪傑久已灰心；以賤易貴之場，英雄無不短氣。此又安望夫舉者？而百里奚則固舉於市。三比分點，眉目清楚。且夫賢豪之出處，大半關夫功名，而三人

者則并非功名所得而圉。總發二比，痛〔抉〕〔快〕淋漓，大聲發于水上。假令
當日者，仲不及施一匡九合之績，敖不及創施教導民之績，奚不及
建置晉救荆之績，夫又何足稱奇？而艱險備嘗，有識者早於士、於
海、於市之中。而卜其際遇，則縲絏之加，不啻鞶帶之錫也；風波之
險，不啻風雲之會也；芻牧之求，不啻苹蒿之詠也，而三人初不自覺
也。寒畯之顯揚，大半由於薦拔，而三人者則並非薦拔所得而拘。假
令當日者，仲不及邀鮑叔之知，敖不及邀虞邱之知，奚不及邀禽息之
知，夫又何能自試？而鬱積既久，有識者早於爲仲、爲敖、爲奚之輩。
而決其遭逢，則上卿之拜，無非獄吏之功也；後車之迎，無非遵海之福
也；五羖之稱，無非飯牛之力也，而三人亦不自信也。是可觀天意矣。

　　布置妥貼，語有分量，前二比全題皆振，後二比注下無痕。
名下無虛士，信然。

故天將降大任於是人也

吳象流

　　大任不遽降，可識天意矣。夫降大任於人者天也，不遽降大任
於人者亦天也。觀舜説諸人，不可識天意乎？且天人之際，其有定
者，其可知者也。顧論天於已定而天可知，論天於未定而天不可
知。論天於欲定而不遽定，而天可知而不可知。論天於未定而預
爲定，而天不可知而究可知。吾嘗曠覽古來，天人相與之間，而知
沾沾目前，未足與觀造物之大也。眼光注定“將”字，閃閃如巖下電。不
然，舜説諸人，皆膺大任者也。然未發未舉之前，大任若絶不相屬
焉，此何以故？即方發方舉之際，大任且猶不遽屬焉，又何以故？
君子曰：此其中蓋有天。承上跌出“天”字，如危峯墜石。在天誠念草昧經
綸之始，興大利，除大害，集大勳。非是人恐不足當其任，即是人仍

恐不足當其任，則不得不需時以俟之。迨俟之既久，人或厭其遲回，而天究不以爲遲回也，天若曰吾誠有故。天又念扶衰救弊之餘，定大計，決大疑，成大務。非是人恐無以副其任，即是人仍恐無以副其任，則不得不刻意以期之。迨期之過深，人方怪其鄭重，而天猶不勝其鄭重也，天若曰吾尤有故。二比從"天"勘取"將"字。故天不降大任於是人則已，天而將降大任於是人也。是人初不知天之何意也。從來豪傑挺生，自待亦良不薄。乃傷心遲暮，君師之任不及是人，卿相之任不及是人，兵刑錢穀之任亦不及是人。是人於天甚殷，天於是人若恝，恐抑鬱無聊，恆歎天心難問矣。即謂遺艱投鉅，付託不容或輕，而世既舍我無人，更何必留爲有待？欲降而不即降，天爲大任儲其材，天難爲是人平其憾也。此負奇之士，所爲扼腕咨嗟而莫明其故也。然天於是人究非無意也。從來聖賢特出，命世要自有真。縱曆跡泥塗，王侯得以傲是人，權貴得以侮是人，販夫牧豎亦得以揶揄是人。而是人能堅以自持，大任即懸以相待，則事權有屬，敢云天命靡常乎？且夫運會變遷，成敗殊難逆覩，而至帝心之簡在，要有成迹之可憑。欲降而不驟降，天爲是人遲其遇，天正爲大任速其成也。此有志之士，所爲攬轡澄清而不疑其故也。二比從"是人"勘取"將"字。何也？天之降大任於是人，有其將然者，先有其必然者也，而天意從可識矣。

通篇從一"將"字落想，有開拓心胸、推倒豪傑之概。

故天將降大任於是人也

區　俊

大任有歸，天意良非偶矣。蓋非是人無以勝大任，非大任無以顯是人，其故不昭然若揭哉？君子曰：其將降未降之時可思也。今夫人而不爲天之所任者，其人必不奇；人而遽爲天之所任者，其人尤不奇。蓋其任爲天下最難勝之任，則其付之也必不輕；其人爲天下不可少之人，則其畀之也必不苟。或者昧於其故，以爲出於偶然，非惟不知人也，抑亦不知天。*針對"將"字說起，眼光如炬。*如舜說諸人，或窮或達如此。此豈窮者其適然，而達者其偶然歟？抑亦窮者必終於窮，達者必始於達歟？殊令我上下千古，恍然於英奇間出，賢哲篤生。*承上來脈，跌出"將"字，機到神流。*有非常之人，斯有非常之任，有非常之任，愈以顯非常之人。相須殷而相望切，非敢緩也，將有待也。嗚呼！是孰使之然哉？是孰使之然哉？蓋嘗求其故於天。*落出題首"故""天"二字，如懸崖墜石。*傑士遭逢不偶，天必賦以作君作相之資。伯什中無奇遇，伯什中安得奇才也。其待之也愈嗇，其望之也愈隆。天固不樂有急功名，而樂有真學術。賢豪自命非凡，天必付以先覺先知之責。千古有不知命之小人，千古斷無不樂天之君子也。其需之也愈深，其養之也愈厚。天固不願有虛名譽，而願有真聖賢。*二比凌空，洗發"將"字，有振衣千仞之概。*是人之所以承天，與天之所以待人者，非苟焉已也。而降大任者，獨兢兢然於將降之際，其故何哉？急遽之功名，可以顯凡庸，而不可以表豪傑。是人者，其眷顧固有甚深也。將以發之者望之天，而未發時胡不輕以相屬？將以舉之者望之天，而未舉時胡不猝以相投？知天之於是人，初非出於無意耳。爲君者有旋乾轉坤之責，爲相者有裁成輔相之權。欲與之而不遽與之，故維皇簡迪，原不在尋常意計中也。吾願知天者即其故而奮然起。艱難之際遇，非以待流俗，而正所以育英材。是人者，其負荷固有甚重也。將以未發者諉諸天，何以發焉者不可倖而幾？將以未舉者慨諸天，何以舉焉者不可逸而獲？知天之於是人，亦非待以無心耳。應運而生者，帝臣之略；間世而出者，王佐之材。欲期之而不驟期之，故造物裁培，更不以遲速氣數論也。吾願達天者覽其故而皇然興。*仰承俯注，一往情深，發揮"將"字，官止*

神行。誠以大任，重器也。當大任者若斯之難也，人可不恍然於其故哉？

着眼"將"字，上下神理，畢赴腕下，興酣落墨，濡染淋漓。

及其聞一善言，見一善行

張錫祺

觀聖于有感之時，論世者如轉一境焉。夫聞一善言，見一善行，舜則猶是地也，猶是時也，然論舜者正欲及此而觀之耳。今夫己與人相取也，心與理相待也，動與靜相乘也，感與寂相因也。動靜之交，寂感之會，而人己心理之故，交接于其間，而論至聖者，乃樂得於此觀其候。*橫鶩四海，一舉知天地圓方。*舜居深山，猶野人也。斯時也，人與己異，理與心忘，靜則無動，寂則無感。*挈定一篇線索。*而何必無感也？在人者不可必，而在人者亦可微，則有言行。而何必無動也？理之原無方，而理之用有迹，則有善言善行。動則靜之端，感者寂之轉，緣耳目以相接，則有如聞善言、見善行。理之在心者不窮，人之資己者有數，隨聽睹以爲量，則有如聞一善言、見一善行。*四比先將題字一一點清，全爲"及"字蓄勢。*夫善言善行，至顯也，至廣也，而聞見者一而已。此亦人己心理相遇之至微，動靜寂感相見之至偶也。*到此一頓，轉到"及其"，却仍不遽點出，有九牛二虎之力。*微莫微於耳之所不聞，目之所不見，有聞有見，則曷微乎爾？不知未及聞見者，隱於聞見之先；有所聞見者，遁於聞見之後。少之而至於一，人非以爲納忠獻誨之資，己非以爲宏覽博採之業，理未嘗有淵泉溥博之觀，心未嘗有極深研幾之素。*微乎弗微。*偶莫偶於曠世而一聞，希世而一見，常聞常見，則曷偶乎爾？不知不恆聞見者，聞見之所以彰；恆於聞見者，聞見之所以隱。分之而至於一，靜固渾融之體，動亦沖漠之天，寂固聲臭之無，感亦接搆之暫。偶乎弗偶。二比空中勘取"及"字，神理神妙，欲到秋毫顛。惟其微也，正欲及其微也而窺之。片言可嘉，微長足錄，流露於空虛寂寞之地，言行之外無所餘，聞見之中無所益。而人與己謀，理與心觸，舜固非別闢一境也，而不啻別轉一境矣。至此方出"及"字，慘淡經營。惟其偶也，正可及其偶也而察之。前無所因，後無所積，猝投于精神渾穆之時，言行既隱而乍顯，聞見亦過而不留。而由靜之動，由寂之感，舜固未嘗自劃其界也，而不啻頓殊其界矣。一氣收拾全篇，真有羣山萬壑赴荆門之勢。何也？人也，己也，心也，理也，動靜也，寂感也，理甚微而事甚偶也，而舜乃一以貫之也。

人皆知題神全在"及其"二字，却苦於無處着筆。文心則牛毛繭絲，文勢則排山倒海，理境中乃有此異樣奇觀。

有大人者，正己而物正者也

何汝榦

正己而物無不正，大人之事備矣。夫大人有正物之責者也，乃即見其效於正己之中，斯其所以爲大人歟？且論人者未有不以正爲歸者也。然不能正己，則本不足觀。不能正人，則末不足觀。正己而不能正人，或正人而不先正己，則本與末俱無足觀，惟一正而無不正焉。此其品格爲甚尊，其挾持爲甚鉅，其感應爲甚神。復哉尚乎！天下安得有所謂大人者乎？合大德不官，大道不器，大信不約之本，尊而重之曰大人，則必有才全德備之功，而大人之體乃立；超百人爲俊，千人爲英，萬人爲傑之倫，推而上之曰大人，則又必有氣盛化神之效，而大人之用乃彰。"大人"一頓，大含細入。是大人者，固有正物之責，而不必即物以求正也，正己而物自從之矣。當一物未交之始，而早有物之見存，則滯於有而不得其正，此逐乎物者轉先失乎己也。大人者退藏於密，第嚴齋戒於神明。己之情出於順，即有以化物之逆焉；己之性立夫誠，即有以祛物之詐焉。蓋不啻木之有本，水之有源，其用乃以四達而不悖。可知正位居體，求治法者，當先探道法之精心。以萬物皆備之躬，而必絕物以爲高，則遁於虛而不得其正，此忘乎物者究未全乎己也。大人者胞與爲懷，祇以自完其性分。而己之理準於是，即有以格物之非焉；己之氣養於直，即有以愧物之曲焉。蓋不啻繩墨誠陳，規矩誠設，其效乃以泛應而不窮。可知措正施行，欲持世者，當先勵持身之實學。實發"己正"，刊落膚浮，獨標真宰。千古致君有術，而感君無術，惟正己以事，庶幾嘉謀入告，嘉猷入告，以與典型相始終，大人所由動必以正也。篤棐既端於平日，雍容自見於崇朝。有翼有嚴，早於正笏覲朋良之盛。寫物正兼上下說周匝。千古教民有經，而化民無經，惟正己以臨，庶幾無從匪彝，無即慆淫，以與徽猷相貫徹，大人所由無往非正也。至誠既致於先時，服教自徵於後日。無偏無黨，先於正位操敷布之原。是無論容悅之臣不足言，即志安社稷，道合天民，亦非其偶也。信臣品之極則也夫。

　　句斟字酌，密詠恬吟。

觀水有術，必觀其瀾。
日月有明，容光必照焉

潘平揚

　　即物以驗本，水與日月可觀矣。夫水必有本乃有瀾，日月必有本乃有照，遊聖門者，能勿恍然耶？且天下至重者本也，而天下至難見者亦本。本不可見，則於其偶見者，以究其所以然；且於其散見者，以究其無不然。究其所以然而本見，究其無不然而本愈見，物之本見，而聖學之本亦見。渾舉全題，有神無迹。可見者，水與日月是也。不見可見者，水之所以爲水，日月之所以爲日月是也。不可見而仍有其偶見者，則水必有瀾；不可見而自有其散見者，則日月必有照。點次分明。何也？水非瀾而非無水，日月不照而非無日月。水之本不在瀾，日月之本不在照也。此本之藏于無朕者也。水有瀾而非別有爲之瀾，日月能照而非別有爲之照。瀾即本于水，照即本于日月也。此本之原於不貳者也。挪前一層。且水有水之體，日月有日月之體焉。任舉一處之水，皆有瀾之理；任舉一處之日月，皆有照之理，體之所以全也。倘就瀾以概水，就照以概日月，則水有一定之瀾，日月有立窮之照也，無是理也。説理精闢。且水之水在瀾，而體不在瀾；日月之用在照，而體不在照焉。水不與瀾期，可爲瀾則成瀾；日月不與照期，可以照則必照，用之所以神也。倘合瀾以成水，合照以成日月，則缺一瀾不得謂之水，遺一照不得謂之日月也，無是情也。體用二義的確。有宰乎瀾之先，則瀾無非水，而水更不止於瀾；有統乎照之内，則照無不明，而日月自難掩乎照。瀾不可强，非水無以爲瀾，徒瀾不可以爲水；照難爲飾，惟明乃可以照，徒照不足以爲明。筆如斬釘截鐵。既爲瀾，則具無不可以爲瀾之机；既能照，則操夫可盡照之勢。而第以或瀾或照自阻也，其究不得名爲水，不得名爲日月。惟水乃可以成瀾，惟日月乃可以爲照。而漫以水與日月自詡也，其弊終無以爲瀾，終無以爲照。水銀瀿地，無孔不入。志道者，能恍然於水與日月之有本焉。又何畏夫聖道之大乎？

分肌擘理，只是道理爛熟耳，南華耶？秋水耶？

孟子曰：雞鳴而起

吳尚聰

身歷雞鳴之境者，因思人於方起時焉。夫天下皆雞鳴中人，孟子亦正歷乎其境者也。故身歷之，因即人之起而思之。嘗謂吉凶悔吝生乎動，顧震以一陽初動取諸龍，巽以一陰初動取諸雞。亦視其動何如耳？震之動由剝而復，氣化係焉；而巽之動由夬而姤，作息關焉。是可以觀人事之所起矣。是第一個"雞鳴"起法。昔孟子念君子之存，而憂勤待旦，懼庶民之去，而惕厲中宵，因蹶然而興曰：天下最不可忽者，孰有如雞鳴時哉？不略過題首三字，方是合作。天地有所托始，溯日至於千歲。開於子而闢於丑者，一混沌初開之象也，而古往今來，遂無日不有雞鳴之候。官骸有所自來，溯降衷於下民。氣成形而理成性者，一物生必蒙之象也，而自少至老亦無人不在雞鳴之中。籠起"雞鳴"，議論開拓。雞既鳴矣，人斯起矣。此吾所身歷之境，亦人所同歷之境，而吾特恐人之泛視此境也。大抵有生以後，造物已退處於無權，而沖漠之中，未嘗不欲鼓舞之，然正慮鼓舞者之難其物也。雞之鳴也，其鼓舞斯人之物耶？第數用其鼓舞，情亦或疑于倦，茲安知非天假其口，而以鼓舞我者轉鼓舞斯人也。則吾所極不忘者，即在此問夜何其之會耳。照下"孳孳"，立竿見影。抑當一往之餘，風雷或時示其至教，而潛藏之後，未嘗不隱提撕之，然正苦提撕者之莫可用也。雞之鳴也，其提撕斯人之具耶？第屢用其提撕，術亦每患其窮，茲安知非天誘其衷，而以提撕我者轉提撕斯人也。則吾所極沈吟者，即在此求衣不遑之候耳。雞鳴以前，已有雞鳴；雞鳴之後，復有雞鳴。顧雞鳴可再，而聞此雞鳴者，若覺其不可再。蓋不以雞鳴視雞鳴，而以為上帝之臨，鬼神之相也。則聞而戒旦者此雞鳴，聞而起舞者亦此雞鳴。今日雞鳴，如是而起；後日雞鳴，亦如是而起。顧雞鳴屢易，而人之早起者，若覺其不可易。蓋猶是以雞鳴爲早起，而以爲日不再得，時不再來也。則心常恐晚者此一起，坐以待旦者亦此一起。下文"孳孳爲善"，不擊自動。孳孳爲善，非舜之徒而何？否則同是起也，而所以起不同矣。

題是第一個"雞鳴"，則如題説去，自然熨切，無需許多瞻顧。文筆之靈醒，所不待言。

何不使彼爲可幾及而日孳孳也

黎文堯

疑幾及爲可使，則孳孳非本意矣。夫道何物，豈教者所能使乎？何丑不自致其孳孳，而顧欲幾及爲可使也哉？想其意曰：今之惘惘焉日不知所從事者，非盡其人之咎，亦道使之然耳。使之以心力所不逮，雖黽勉亦阻于無功；使之以步趨所可追，則庸愚亦因而自奮。策勵在轉移間，是在善誘者加之意耳。不然，誰不欲及乎道之高美，思一蹴幾以爲快，而無如其不可也，是誰使之然哉？今夫精神與志氣，相爲表裏者也；詣力與修途，相爲引伸者也。天下無明知其必不可及，而猶可冀其及之人，則亦無明知其可及，而不思所以及之人。天下無欲人幾，而先絕人以不可幾之事，則亦無予以可幾，而猶不力求其幾之事。是故使之者有微權焉，不示人以太峻，懼其望而生怯也；不强人以所難，懼其半而思止也。夫是以教者之循循，與學者之孳孳，其相應也如響。此就"使者"説，全爲"何不"二字作勢。此而以孳孳之故，歸其功於學者，不任受也，有使之者也。使之以可及，則必孳孳以求及；使之以可幾，則必孳孳以求幾。天下之人情，太抵皆然。夫爲其事而不計其功者，天下固無是人；爲其事而即能底其功者，天下亦庸有幾人。若夫日起有功，而猶不思所以爲之者，天下斷無如是不可使之人。此就"孳孳者"説，俱爲"何不"二字加倍寫法。然則有使之之術，而天下無不可及之道，天下亦無不孳孳之人。非其人同也，人不同而使其及則無不同，即使其及亦各有不同，而由可幾及以日孳孳，則無不同。夫以不同之人，使其同歸於及，教者亦云苦矣。然天下事予人以苦，己未必得其甘，而予人以甘，則己亦何惜此苦？均之道也。不可幾及，則廢然思沮；爲可幾及，則俛然日興。此豈人之聰明才力，或勉或不勉哉？使之之術殊，斯爲之之勢異也。此兩邊合説，一氣翻出"何不"二字，恰好收帆。則何不使彼爲可幾及而日孳孳也？

歸咎"使"字，詞鋒甚辯，首尾作一筆書，而其中波瀾瀠洄，岡巒重複，動與古會。

何不使彼爲可幾及而日孳孳也

潘平揚

孳孳而可使也，似道無妨少貶矣。夫人苟自勉，則亦何不可及者，必可及而後孳孳，將其道自貶乎？今天下惰者之多也，正以使其不惰者之少也。君房語言妙天下。夫惰而使之不惰，此其事似亦甚難。顧引其不惰之機，鼓其不惰之氣，將欣欣然警其惰，策其惰，直轉移間事耳。吾非敢謂立教者，有心致人於惰，要無解於坐視其惰而不思變計也。不思變計，而不及者終於不及矣。道雖高美，果何以使人日孳孳而不倦哉？以下便跌。因不及而遂不孳孳，此非不及者之過也。阻其不及而並阻其孳孳，夫有使其不孳孳者也。即孳孳而仍不及，此非孳孳者之誤也。淡其孳孳之心，而實成其不及之勢，夫有使其不可及者也。丑於此竊有疑焉。疑則疑夫可及者之何以使其不及也。不及而可使，將可及而獨不可使乎？夫使其可及，而人猶不欲及，使亦奚爲。然當其不可及，而猶欲及，豈當其可及，而反不欲及也者？特患無以鼓其欲及之氣耳。疑且疑夫難及者之何以不使其易及也。强不及而使及，曷若使由可及以至不及乎？夫使其可及，而人終於可及，及亦無多。然當其不使可及，而猶思及其不可及，豈當使其可及，而不更求及其所不及也者？特患無以引其漸及之機耳。淺深分比，矩矱先民。有以鼓其氣，斯前未及而今可及，孳孳者初不自覺也。無以使之，即可及而仍不及，有以使之，縱不及而亦可及，則何如使其可及之爲功較捷矣。有以引其機，斯今可及而後無不及，孳孳者其進靡涯也。不知所使，雖欲及而罔識道之階，苟知所使，且漸及而窺夫道之奧，則何如使其幾及之爲教不勞也。一片唧接，恰好收到"何不"，語氣如題而止。乃欲及者久欲仰而企，使之者終不仰而就，是豈授受之相左歟？奚爲而不誘人以孳孳也？

归重"使"字，恰得諉卸人口吻，至筆之簡要，尤爲老當不支。

其進鋭者，其退速

胡文泰

　　直指躁進之弊，亦同歸於廢弛而已。蓋功當以漸而進，鋭則急遽無序矣。其退速也，不可即鋭進以決其弊哉。且天下太過之弊，莫弊於壯罔以圖功。何者？功以遞積而深，故驟取不如漸取之樂；力以深沈而固，故多用不如少用之安。單刀直入，亦鋭不可當。不然，吾恐力奮於崇朝，即功隳於旦夕矣。試由不及之弊而轉思之。謂今古無難臻之至詣，患其力之不用，不患其力之過用。則奮兼人之材質，而寢食俱忘，勢必有力竭神疲之候。謂宇宙無難集之大勳，患其功之不任，不患其功之過任。則侈遠大之圖謀，而更張不已，又不無神消氣餒之時。二比就事勢説見鋭不得。況事百而心一，百則難支，一則易瘁，瘁則其力疲；業長而神短，長則難繼，短則易窮，窮則其功紲。二比就心神説見鋭不得。蓋其鋭進者其退速，有必然矣。任千秋之道統視乎氣，馳一朝之擔荷亦視乎氣。故氣之滿而退於止足焉，氣之躁而退於作輟焉，氣之竭而退於懈怠焉，積此三者而氣於是乎不可恃。彼純儒日起有功，養氣不誇乎任氣，而優游自化。若鹵莽者，其氣浮而不實，退葸即伏於奮進中也。斡天下之大務在乎才，隳末路之成功亦在乎才。故才之壯而退於虛憍焉，才之浮而退於疏忽焉，才之偏而退於窘塞焉，極此三者而才於是乎不可恃。彼老成持重，斂才不事乎逞才，而慎終於始。若褊急者，其才淺而易盈，退縮即見於張皇内也。才氣兩義，實發題之正面，力透紙背。大抵圖進取者，不可動於其貪。貪之所動，務得其多也，務得其多，必困而不跲。貪激内義，推勘受病之由，包孕多少。人謂退速者之力有限，吾謂其鋭進之力正無限也。設令以有限引無限之程，則日就月將，有限亦終歸於無限，而何至一蹶不復振也哉？又不可乘於所激。激之所乘，暫不能久也，暫不能久，必轉而就衰。人謂退速者之功無用，吾謂其鋭進之功原有用也。設令以無用謹有用之始，則日積月累，有用不同歸於無用，又何妨一往其莫禦也哉？進修者其戒諸。

寫理則畫泥印沙，用筆則斬釘截鐵。

居之似忠信，行之似廉潔

唐承恩

居與行竊其似，可知善本有於心也。夫使鄉原本無忠信廉潔，何以似爲善乎？使世俗皆無忠信廉潔，何以似爲媚乎？然則其心仍大可用耳。嘗思維皇降衷，厥有恆性，此人之本真不容但求其似者也。故吾人立心制行，必不可有一毫矯飾之意參乎其中，然後其真性存而無所壞。而不然者，吾甚惜夫人之徒求其似，而不顧其真也。吾猶幸夫人之尚求其似，而未没其真也。空中提出"似"字，橫絶一切。真者何，則忠信是，廉潔是。流俗污世，何有忠？何有信？即有忠信者出焉，世俗必不合乎忠信者也。于是不非、不忠、不信之人，而專非能忠、能信之人，彼鄉原宜亟棄此忠信矣。何有廉？何有潔？即有廉潔者出焉，世俗必不同乎廉潔者也。于是不刺不廉、不潔之人，而專刺能廉、能潔之人，彼鄉原宜急去此廉潔矣。二比按"忠信廉潔"。而胡爲似忠信乎？世俗不合真忠信，世俗正合此似忠信。忠信則難，似忠信則易也。而胡爲似廉潔乎？世俗不同真廉潔，世俗正同此似廉潔。廉潔則難，似廉潔則易也。二比按"似忠信廉潔"。則見其居之所爲媚世矣。其與忠信者居焉，必務爲忠信也；其與不忠不信者居焉，仍不爲忠信也；其與似忠似信者居焉，各默喻其似忠信也。貌爲拙訥，心實頑嚚，詡詡然以忠信爲藏身之固。則見其行之所爲媚世矣。其與廉潔者行焉，必務爲廉潔也；其與不廉不潔者行焉，仍不爲廉潔也；其與似廉似潔者行焉，各默喻其似廉潔也。陽示堅貞，陰圖厚實，悻悻然以廉潔爲入世之方。二比按"居之""行之"。爲忠信廉潔之言，必似忠信廉潔之行；爲忠信廉潔之行，復似忠信廉潔之言。鄉原亦以似爲顧而已矣。忠信而何爲踽踽，踽踽則忠信難親；廉潔而何爲涼涼，涼涼則廉潔難近。鄉原亦以似爲善而已矣。純用本地風光，令人□解。以先聖之教澤孔長也，舉忠信廉潔，爲萬世之人心，立其儀型，以完所固有。雖經數百年流失敗壞，居之行之，即求貌似而知未牿亡，吾猶幸媚世者之知有忠信廉潔也。乃末俗之泯棼胥漸也，舉忠信廉潔，無復存于一世之人心，爭爲粉飾，以便于相效。雖以千百聖警覺提撕，居之行之，僅爲外似而殊非真詣。吾甚危媚世者之不識忠信廉潔也。二比痛快淋漓，噴薄而出，有旁若無人之概。堯舜之道,安賴此信似忠信、似廉潔者哉?

通篇不説壞"似"字,全神直注,經正民興,真眼大如箕。其思力鑱刻,尤爲白戰不持寸鐵。

居之似忠信,行之似廉潔

胡保泰

郷原亦有忠信廉潔,因似而得名者也。夫郷愿安得有忠信廉潔,無如其居之似行之似也,夫孰知其故哉?今以人之立心制行,而第求諸一似其本已離矣。況復以彌縫出之,則亦何不可似者。然而工於用似之人,卒無不以彌縫得名于世。乃自有識者窺之,雖不能不予以其名。顧第謂之似焉,則術徒工,心徒狡矣。空中提一"似"字,靈氣往來。不然,以同流合汙之郷原,豈尚有忠信廉潔之可名者?然而郷原往往以此得名,抑又何也?則惟其似焉故也。跌出"似"字,妙手空空。且夫天下之最難者莫如似。有真學問,乃有真性情;有真性情,乃有真節操。乃忽然舉素不相習者強以習之,則精神殊覺其不習也,而郷原則不習而無不習也。然而天下之最易者莫如似。爲己者極數十年取法而不足,爲人者工一二日揣摩而有餘。故忽焉於本不相肖者曲以肖之,而氣象亦爲之一肖也,而郷原則不肖而無不肖也。懸空描寫"似"字,一意翻作兩層。則見其居之似忠信焉。夫盡己謂忠,以實謂信,忠信豈可以聲音笑貌爲哉?乃古有忠信之人,其居何如?其人善于貌。今有忠信之人,其居何如?其人復善于貌。合古今而極意描摹,故當其厚貌深情,謂爲不欺者似,謂爲不誣者亦似。又行之似廉潔焉。夫仁以成廉,義以成潔,廉潔豈可以矯揉造作爲哉?乃聖有廉潔之迹,其行維何?其人固精于襲。賢有廉潔之迹,其行維何?其人又精于襲。合聖賢而巧爲摹倣，故當其好名矯讓，謂爲不貪者似，謂爲不汙者亦似。二比寫"似"字本位。吾於是知其用術之工，用心之狡。莫狡於匿其機械之情而不露，夫不露則亦已矣。而所露偏又挾其所似以揣合人情，於此而見爲忠信，又於此而見爲廉潔。與人接物，常若載其長厚狷介之真以俱出，使見之者，卒莫測其何以似焉。則狡甚也。所以眾皆悦之。莫工于化其剽竊之迹而不著，夫不著則亦已矣。而所著偏又出其所似以爭勝賢哲，於此而示以忠信，又於此而示以廉潔。作止語默，常若併其磊落光明之品以俱呈，使見之者終莫解其所以似焉。則工甚也。二比爲"似"結局。然而不知其似者，不知工與狡也，悦焉而已，即彼亦并忘其工與狡也，自以爲是而已，非賊德而何？

　　着眼兩"似"字，胸中有鏡，筆下如刀。